PRIX : 6 FRANCS
(TRADUCTION DE E. ALLOUARD)

AVENTURES DE TERRE ET DE MER

PAR

MAYNE-REID

LES

JEUNES ESCLAVES

DESSINS PAR RIOU

GRAVURES PAR HILDIBRAND

PARIS
BIBLIOTHÈQUE
D'ÉDUCATION ET DE RÉCRÉATION
J. HETZEL ET Cie, 18, RUE JACOB

AVENTURES
DE
TERRE ET DE MER

LES JEUNES ESCLAVES

AVENTURES
DE TERRE ET DE MER

LES JEUNES ESCLAVES

PAR

MAYNE-REID

TRADUCTION DE E. ALLOUARD

DESSINS PAR RIOU
GRAVURES D'HILDIBRAND

PARIS
BIBLIOTHÈQUE
D'EDUCATION ET DE RÉCRÉATION
J. HETZEL, 18, RUE JACOB

Tous droits réservés

AVENTURES

DE

TERRE ET DE MER

—

LES JEUNES ESCLAVES

I

DEUX DÉSERTS.

Éthiopie, terre d'esclavage !

Combien de nous ignorent que sur ton sol inhospitalier des milliers de compatriotes ont subi un sort plus misérable encore que celui de tes enfants noirs : esclaves de tes esclaves !

Entre Suse et le Sénégal, sur la côte ouest de l'Afrique, se trouve un rivage redouté par les navigateurs de toutes les nations. Le marin pâlit au nom de cette rive où tant de navires ont échoué, où tant d'hommes ont péri.

Deux grands déserts, l'un de terre, l'autre d'eau, le

Sahara et l'Atlantique, s'étendent contigus sur dix degrés de latitude terrestre. Rien ne les sépare qu'une ligne imaginaire. La solitude des eaux embrasse celle des sables, non moins dangereuse que l'autre à ceux qui ont échoué sur cette côte, si bien nommée côte de Barbarie.

Ces fréquents naufrages sont le résultat d'un courant de l'Atlantique, véritable maëlstrom pour ceux qui ont le malheur de naviguer dans ces parages.

La cause de ce courant est simple, bien qu'elle demande une explication, puisqu'elle semble contredire non-seulement la théorie des vents étésiens, mais celle de l'inclinaison centrifuge attribuée aux eaux de l'Océan. Elle résulte de la chaleur du Sahara sous un ciel tropical, de l'absence de ces influences, humidité et verdure, qui repoussent la chaleur, de l'ascension de l'air embrasé qui plane sur ce désert, de l'atmosphère plus froide poussée par l'Atlantique, et de la tendance vers l'est des eaux de la mer.

Entre Bojador et Blanco, caps très-connus, une étroite langue de sable s'avance à plusieurs milles dans la mer, desséchée, blanchie par le soleil tropical, semblable à la langue d'un serpent altéré, qui s'allonge vers la mer

II

LES MIDSHIPMEN.

Un soir du mois de juin, quatre naufragés, juchés sur un espar, se dirigeaient vers cette pointe de sable. Heureusement pour eux, c'est à peine si du sommet des dunes qui s'avancent comme des vagues blanches dans l'intérieur du continent, on eût pu distinguer, même à l'aide du télescope, le caractère de ce point noir qui s'approchait lentement de la côte.

Quant aux naufragés, aussi loin que plongeassent leurs regards, ils ne voyaient que le sable blanc et l'eau bleue.

Un navire avait dû sombrer près de la côte, dans la tempête qui s'était déchaînée deux jours auparavant : l'espar et les hommes étaient sans doute des épaves du naufrage.

Trois de ces individus portaient le même costume ; leurs jaquettes de drap bleu ornées de boutons de cuivre bruni, leurs casquettes de même couleur garnies d'un galon d'or, leurs cols brodés d'une couronne et d'une ancre, annonçaient des midshipmen de la marine d'Angleterre. Ils paraissaient être à peu près du même âge; le plus jeune pouvait avoir dix-sept ans.

Sans aucun doute ils appartenaient au même navire, mais leurs physionomies dénotaient une nationalité différente; en un mot, on reconnaissait au premier regard, l'Anglais, l'Irlandais, l'Écossais, et on eût pu fouiller tout le Royaume-Uni sans trouver trois types plus purs pour les représenter.

Ils se nommaient Harry Blount, Térence O'Connor, et Colin Macpherson.

Quant au quatrième naufragé, les âges réunis de ses trois compagnons n'eussent pas encore fait le sien; son langage aurait mis à l'épreuve le linguiste le plus distingué. Lorsqu'il parlait — chose rare — c'était un mélange d'*h*'s annonçant le plus pur Cockney, d'*Ochs* et de *shures* irlandais, de *wees* et de *bonneys* qui l'eussent fait passer pour un franc Écossais. Ni ses paroles, ni son accent ne laissaient deviner lequel des trois royaumes avait eu l'honneur de lui donner le jour. Quel qu'il fût, il s'était montré au service un vrai loup de mer breton; sa profession se devinait au premier regard. Il portait le costume de matelot, et s'appelait « Bill; » mais ce nom n'étant pas précisément rare sur les registres du navire, il avait reçu une dénomination particulière; à bord de la frégate on ne l'appelait jamais que « vieux Bill. »

QUATRE NAUFRAGÉS JUCHÉS SUR UN ESPAR
SE DIRIGEAIENT VERS CETTE POINTE DE SABLE.

III

LA LANGUE DE SERPENT.

Un navire avait en effet sombré, une corvette en croisière pour la côte de Guinée. Surprise par le dangereux courant dont nous avons parlé, elle s'était butée contre un banc de sable et enfoncée presque instantanément. Les bateaux furent aussitôt lancés à la mer, les hommes s'y précipitèrent pêle-mêle; quelques-uns s'accrochèrent à des espars, d'autres à des planches; mais atteignirent-ils le rivage? c'est ce qu'aucun des naufragés n'aurait pu dire. Tout ce qu'ils savaient, c'est que la corvette avait coulé à fond, peu de temps avant qu'ils s'en éloignassent. Ils flottèrent tout le reste de cette longue nuit. Souvent les vagues faillirent leur arracher leur support précaire, souvent ils furent complétement couverts par la mer; et lorsque le matin arriva, ils se trouvèrent seuls sur l'Océan.

L'orage avait cessé, et le jour s'annonçait clair et calme;

mais la houle ne se ralentit qu'assez tard; alors, en se servant de leurs mains comme de rames, ils commencèrent à faire un peu de chemin.

Ils n'apercevaient rien que la mer et le ciel. C'était vers l'est qu'ils désiraient aller, car de ce côté seulement, ils espéraient trouver terre; le soleil commençait à s'abaisser, et leur montrait la direction qu'ils devaient prendre.

Après le soleil, les étoiles leur servirent de compas, et toute la seconde nuit de leur naufrage, ils continuèrent de pagayer leur espar vers l'est.

Le jour se leva de nouveau, mais sans réjouir leurs yeux de la vue de la terre. Souffrant de la faim et de la soif, fatigués de leurs efforts continus, ils allaient céder au désespoir. Le soleil montait au ciel, et ses rayons perçaient les eaux transparentes sur lesquelles ils flottaient, lorsqu'ils aperçurent sous eux l'éclat du sable blanc. C'était le fond de la mer, et à quelques brasses à peine.

Des eaux si basses annonçaient le rivage; encouragés par cette pensée, ils redoublèrent d'efforts.

Mais avant le milieu du jour, ils durent renoncer à les continuer. Ils se trouvaient près du tropique du Cancer, presque sous la ligne; on était au cœur de l'été, et à midi, le soleil au zénith dardait en plein sur leurs têtes. Leurs corps ne projetaient aucune ombre.

Ils restèrent plusieurs heures dans le silence et l'inaction, se laissant aller comme les courants les poussaient. Ils ne pouvaient rien de plus pour améliorer leur situation. Il fallait attendre.

S'ils avaient alors pu s'élever à trois pieds au-dessus de la mer, ils eussent aperçu la terre, mais leurs épaules étaient au niveau de l'eau, et le sommet des dunes n'était pas même visible pour eux.

Lorsque le soleil se fut abaissé de nouveau, ils recommencèrent à ramer avec les mains, poussant l'espar toujours vers l'est. Tout à coup, les derniers rayons de l'astre leur montrèrent quelques points blancs qui paraissaient s'élever de l'Océan.

Étaient-ce des nuages? Non, leurs sommets coupaient le ciel d'une ligne claire. Ce devaient être des monticules de neige ou de sable — de sable, puisque l'on n'était pas dans la région des neiges.

Le cri : Terre! s'échappa simultanément de toutes les lèvres. Les efforts recommencèrent, l'espar glissa plus rapidement sur l'eau; la faim, la soif, la fatigue étaient oubliées.

Tous les quatre croyaient avoir encore plusieurs milles à faire avant d'atteindre la rive, mais le vieux Bill, ayant levé les yeux, poussa une exclamation joyeuse que répétèrent aussitôt ses compagnons : ils venaient d'apercevoir la longue pointe de sable, comme une main amie tendue vers eux pour leur souhaiter la bienvenue.

Presque aussitôt ils firent une autre découverte : obligés de se tenir à califourchon sur l'espar, leurs jambes pendaient nécessairement de chaque côté, et maintenant, à leur grande joie, leurs pieds frôlaient le sable.

Tous les quatre quittèrent immédiatement leur position gênante, repoussèrent l'espar, plongèrent dans l'eau, et ne s'arrêtèrent que lorsqu'ils eurent atteint l'extrême pointe de la péninsule.

On aurait pu croire que, souffrant de la faim et de la

soif, leur première pensée aurait été de pousser plus avant pour chercher à se procurer de la nourriture et de l'eau. Mais ils durent céder à un besoin plus impérieux encore : le sommeil. Depuis cinquante heures, ils n'avaient pas fermé les yeux, car s'oublier un seul instant sur l'espar, les eût mis en danger de mort.

Ils s'allongèrent tous les quatre sur le sable et s'endormirent immédiatement.

IV

LA MARÉE.

La pointe de l'isthme de sable dépassait de plusieurs pieds le niveau de la mer, tandis que le milieu, plus près de la terre, s'élevait à peine au-dessus de la surface de l'eau.

C'était sur cette hauteur que les naufragés s'étaient couchés; ils avaient choisi cet endroit sans grande réflexion, comme étant le plus sec.

Mais il ne leur fut pas permis d'y rester longtemps. Ils dormaient à peine depuis deux heures lorsqu'ils furent réveillés par une sensation de froid et une étrange suffocation.

Ils sautèrent sur leurs pieds, et la plus vive frayeur se peignit sur leurs visages : l'eau avait envahi leur couche de sable, elle bouillonnait et écumait autour d'eux, et leur montait déjà jusqu'aux chevilles.

Dans leur précipitation à prendre le repos dont ils avaient tant besoin, ils avaient oublié la marée, sans songer un instant qu'ils pouvaient être submergés par elle. Ils reconnaissaient maintenant leur faute. Non-seulement ils étaient à moitié dans l'eau, mais s'ils avaient dormi quelques minutes de plus, ils auraient été complétement couverts par la mer.

Sans le sommeil profond où ils étaient plongés, les vagues qui montaient sur eux les auraient éveillés plus tôt. Il faut dire aussi qu'ils commençaient à s'habituer au contact de l'eau froide depuis quarante-huit heures et plus qu'ils y étaient exposés.

Mais l'eau amère, en les suffoquant, les tira de leur torpeur.

Leur frayeur se calma cependant lorsqu'ils se furent rendu compte de la situation ; il ne fallait que suivre l'étroite langue de sable qu'ils avaient observée avant de prendre pied. Ils devaient arriver ainsi au véritable rivage, qu'ils savaient être à quelque distance ; une fois là, ils pourraient y choisir un endroit élevé et y passer la nuit.

Telles furent leurs premières réflexions, bientôt suivies d'un désappointement beaucoup plus grand que le premier.

S'étant tournés vers ce qu'ils croyaient être la terre, ils n'aperçurent plus rien, ni montagnes de sable, ni rivage, ni même l'étroite langue sur la pointe de laquelle ils avaient abordé : il n'y avait rien que la mer de tous côtés. Ils l'entendaient mugir, et malgré l'obscurité, ils voyaient les flocons d'écume blanche que soulevait sa surface agitée. Bientôt un brouillard épais s'éleva de l'Océan, et les empêcha même de se reconnaître.

Rester où ils se trouvaient, c'était leur perte certaine; il fallait donc, et au plus vite, s'éloigner. Mais quelle direction prendre? de ce choix dépendait peut-être leur salut. Si par malheur ils se trompaient, et marchaient du côté de la mer, c'était la mort. Le vent soufflait maintenant avec violence, soulevant d'énormes vagues qui montaient de plus en plus, et couvraient parfois les naufragés. Il n'y avait pas un instant à perdre. Il s'agissait de trouver la bonne direction, de la suivre, ou sinon, de se résigner à mourir au milieu des brisants! La marée dans sa période ascendante montait vers la rive. Il n'y avait donc qu'à suivre les vagues en tournant le dos au vent. C'est ce qu'ils firent; mais ils reconnurent bientôt qu'ils se trompaient. Ils n'eurent pas plutôt fait une centaine de brasses qu'ils s'aperçurent que l'eau croissait rapidement, elle leur venait jusqu'aux aisselles.

Ils retournèrent d'un autre côté et parvinrent après quelques efforts à retrouver les eaux basses, mais dès qu'ils recommençaient à marcher devant la vague, ils enfonçaient jusqu'aux épaules.

La pointe de sable ne se projetait pas perpendiculairement à la côte, mais prenait une direction diagonale. C'était, dans le fait, une sorte de *break water* [1] naturel, un large cône de sable formant une baie qui s'étendait entre lui et le rivage. Ils avaient déjà remarqué cette particularité en abordant, mais ils l'avaient vite oubliée dans leur joie d'échapper au danger.

D'après les observations faites avant le coucher du so-

---

1. Vieux vaisseau planté à l'entrée d'un petit port pour rompre la mer.

leil, ils savaient que la terre ne devait pas être à moins de trois ou quatre milles. Comment espérer de l'atteindre à temps? Ils n'ignoraient pas combien le flux est perfide dans cette région et combien il monte rapidement.

Il fallait donc avant tout se maintenir sur la hauteur de la péninsule, mais le pourraient-ils?

Le vieux marin marcha le premier. Les autres le suivirent. Déjà l'eau ne leur montait plus qu'à mi-jambe, mais la mer devenait de plus en plus profonde de chaque côté. Le vieux Bill ayant scruté les vagues de son œil de marin jusqu'à ce qu'il eût trouvé l'angle dans lequel elles se brisaient sur la « barre, » ils purent suivre le bon chemin sans crainte de s'égarer de nouveau. Malgré leur fatigue, ils marchaient toujours, ne s'écartant pas du sommet submergé qui, à chaque pas, semblait enfoncer. On eût dit que près de la terre, la péninsule s'abaissait de plus en plus. Ce n'était cependant qu'une illusion, car ils avaient déjà dépassé l'endroit le plus profond; mais c'était l'effet du flot qui montait toujours.

Bientôt les vagues se brisèrent au-dessus de leurs têtes! Il n'y avait pas d'hésitation possible. Il fallait s'abandonner bravement et nager jusqu'au rivage.

On se demandera pourquoi ils n'avaient pas déjà pris ce parti lorsque la mer avait commencé à monter d'une façon menaçante.

D'abord, ils n'étaient pas certains d'atteindre la rive en nageant. Une fois lancés dans cette large baie, il s'agissait de savoir s'ils auraient assez de force pour la traverser, car il ne pouvait plus être question alors de retourner en arrière. La force de la marée les en eût empêchés.

A cette considération s'en joignait une autre : peut-être la mer avait-elle fini de battre son plein et allait-elle bientôt décroître. Cet espoir, bien que léger, les avait retenus quelque temps. Enfin, lorsque les vagues bouillonnèrent autour d'eux, menaçant à chaque instant de les emporter, une autre pensée les fit encore hésiter.

Trois d'entre eux seulement savaient nager!

Il fallait donc abandonner le quatrième ?

V

UNE SÉPARATION FORCÉE.

Celui des naufragés, privé d'une connaissance si utile à un marin, n'était autre que le vieux Bill.

Il semblera étonnant qu'un homme dont toute la vie s'était passée sur mer ne sût pas nager; mais il arrive plus souvent qu'on ne croit de compter dans un équipage plusieurs hommes, et des meilleurs marins, incapables de faire une seule brasse.

Ceux qui ont négligé d'apprendre à nager étant enfants s'y mettent rarement plus tard. Sur mer, à bord d'un vaisseau en croisière, bien que cela puisse paraître paradoxal, les occasions sont plus rares que sur terre; lorsqu'un marin arrive dans un port, il a de tout autres idées en tête que de passer ses heures de loisir au milieu des vagues.

Ce fut un sentiment généreux qui poussa les trois compagnons du vieux Bill à ne pas l'abandonner dans ce moment critique, lorsque, en se jetant hardiment à l'eau, ils pouvaient espérer de gagner le rivage sans difficulté.

A ce moment, une vague plus violente qu'aucune de celles qui l'avaient précédée vint rouler sur eux, et les trois midshipmen furent emportés par elle à une demi-encâblure de l'endroit où ils se tenaient.

Ils essayèrent en vain de reprendre pied; ils se trouvaient dans une eau profonde où ils ne pouvaient trouver le fond; ils se débattirent quelques secondes, les yeux tournés vers l'endroit dont ils avaient été balayés, et où un point noir, qui s'élevait un peu au-dessus de la mer, indiquait la tête de Bill : ils hésitaient toujours à se séparer de lui.

« Allons, allons, cria ce dernier, n'essayez pas de revenir, cela ne servirait à rien; ne vous occupez plus de moi, et songez à vous!... Retournez, et la marée vous emportera au rivage. Adieu, braves enfants! »

Les jeunes gens, ainsi interpellés, cédèrent à regret. S'ils eussent connu un seul moyen de sauver leur compagnon, même au péril de la vie, ils n'eussent pas hésité un instant; mais leur dévouement aurait été certainement inutile, et cette réflexion, ainsi qu'une nouvelle vague qui arriva sur eux, les détermina à suivre son conseil.

VI

LE RIVAGE.

Ils avaient à peine fait un demi-mille à travers la baie, lorsque Térence, le plus mauvais nageur des trois, frappa de ses orteils contre quelque chose de plus résistant que l'eau salée.

« Je croirais, fit-il d'une voix entrecoupée, je pense.... que j'ai touché le fond. Que la Vierge Marie soit bénie! Je ne me trompais pas, cria-t-il en se mettant sur ses pieds, sa tête et ses épaules dépassant la surface de l'eau.

— Vous avez raison, dit Harry en se dressant à côté de lui. Dieu soit loué!

— Dieu soit loué! » répéta Colin qui arrivait aussi.

Puis tous les trois se tournèrent instinctivement vers la mer, et une même exclamation sortit de leurs lèvres :

« Pauvre vieux Bill!

— En vérité, nous aurions dû l'apporter avec nous,

s'écria Térence, aussitôt qu'il eut retrouvé la respiration. N'était-ce pas possible?

— Sans doute, fit Harry, si nous avions su avoir si peu à nager.

— Eh bien, si nous essayions de retourner, il serait peut-être encore temps.

— Impossible! reprit Colin.

— Comment, Colin, vous êtes le meilleur nageur de nous tous.... ne le disiez-vous pas? demandèrent les autres, désireux de sauver le vieux marin qui, à bord, était le favori de tous les officiers.

— Je dis « impossible, » répéta Colin; je voudrais tout comme vous essayer, si je croyais qu'il y eût la moindre chance de réussir. Mais pourquoi tenter l'impossible? Il vaut mieux nous assurer si nous sommes en sûreté nous-mêmes. L'eau est peut-être encore profonde entre nous et le rivage. Avançons jusqu'à ce que nous ayons trouvé la terre ferme. »

L'avis du jeune Écossais était trop sensé pour être repoussé; tous les trois marchèrent dans la direction du rivage, se guidant sur la marée. Ils continuèrent ainsi quelque temps; mais comme ils n'avançaient que lentement et avec beaucoup de peine, ils se remirent à nager, alternant, lorsqu'ils se trouvaient trop fatigués, entre la marche et la nage; enfin les eaux devinrent trop basses pour que ce dernier mode pût être employé; ils reprirent pied, leurs yeux essayant de percer l'obscurité dans l'espoir de distinguer la côte.

Les lignes ondulées qui se dessinaient faiblement dans les ténèbres présentaient des contours trop arrêtés, et paraissaient trop blanches pour être des vagues. Ce ne pouvaient être que les dunes qu'ils avaient aperçues avant le coucher du soleil. Ils n'avaient plus d'eau que jusqu'à mi-jambes, et ils devaient supposer qu'ils n'étaient pas loin du rivage.

Harry et Térence furent tout à coup interpellés par Colin.

« Que voulez-vous? lui demandèrent-ils.

— Avant de toucher terre, essayons de savoir ce qu'est devenu le pauvre Bill.

— Et comment? répondirent les deux autres.

— Restez tranquilles un instant, reprit Colin, et nous verrons bientôt si sa tête paraît au-dessus de l'eau. »

Harry et Térence s'arrêtèrent sans bien comprendre le projet de leur jeune compagnon.

« Que voulez-vous, Colin? demanda l'impatient Hibernien.

— Voir si la marée monte toujours.

— Et pourquoi?

— C'est que dans ce cas, reprit Colin, le vieux Bill serait couvert par elle, à l'heure qu'il est, et nous ne le verrions plus.

— Oui, fit Harry, et son corps sera poussé sur le rivage avant qu'il soit jour. »

Tous les trois s'arrêtèrent; la mer bouillonnait autour d'eux. Ils restèrent ainsi plus de vingt minutes, considerant le va-et-vient de la vague, et remarquant avec douleur que l'eau continuait à croître. Elle devait s'être élevée au moins d'un mètre depuis leur départ, et ils en tirèrent cette triste conséquence que le vieux marin avait été submergé.

LA MER BOUILLONNAIT AUTOUR D'EUX.

Ils se retournèrent vers le rivage, plus préoccupés du triste sort de leur compagnon que de leur propre situation.

Ils n'avaient pas fait plus de quelques pas, lorsqu'un cri poussé derrière eux les fit se retourner précipitamment.

« Eh! arrêtez! disait une voix qui semblait sortir des profondeurs de l'Océan.

— C'est Bill! s'écrièrent à la fois les trois midshipmen.

— C'est moi, mes cœurs! Je suis si fatigué que j'ai besoin d'une petite halte. Attendez un peu, et je vous aurai rejoints aussitôt que j'aurai pris un riz à mon hunier. »

La joie qu'excitèrent ces paroles fut égale à la surprise qu'elles causèrent. Les jeunes gens ne pouvaient en croire leurs oreilles. Cependant leurs doutes se dissipèrent à la vue de Bill lui-même qui émergea tout à coup de l'eau.

« C'est bien lui! s'écrièrent les midshipmen.

— Un peu, donc! Et qui vous attendiez-vous à voir? Le vieux Neptune peut-être? ou bien une sirène? Allons, une poignée de mains, camarades. Bill n'était pas né pour mourir noyé.

— Mais comment avez-vous fait? la marée n'a pas cessé de monter.

— Oh! dit Térence, je m'explique la chose : la baie n'est pas si profonde, après tout; vous avez marché tout le temps.

— Erreur, master Terry! Il y a assez d'eau entre cette place et celle où vous m'avez laissé pour noyer Phil Ma cool. Je n'ai pas du tout traversé la baie à pied.

— Comment, alors?

— Je me suis embarqué sur un brave petit radeau que

vous connaissez tous, le même qui nous a portés à la pointe de sable.

— L'espar ?

— Lui-même. Juste comme j'allais pousser mon dernier soupir, quelque chose me frappa sur la tête si rudement que j'enfonçai du coup ; or, ce quelque chose était la vergue du perroquet. Je ne fus pas long, vous pouvez croire, à monter dessus, et j'y suis resté jusqu'à ce que j'aie senti mes pieds toucher fond. Et voilà, mes chers babies, comment Bill a pu vous rejoindre. En marche tous ! et voyons quelle sorte de port nous attend ! »

De joyeuses poignées de mains furent échangées entre le marin et les jeunes gens, après quoi tous se dirigèrent vers le rivage.

VII

DES QUARTIERS PEU CONFORTABLES.

Après une marche de vingt minutes, les naufragés atteignirent enfin la grève, mais ils continuèrent d'avancer sur la plage afin d'être tout à fait hors de danger dans le cas où la mer s'élèverait encore.

Ils eurent à traverser une grande étendue de sable humide, avant d'arriver à la hauteur qu'ils cherchaient; une fois là, ils s'arrêtèrent pour tenir conseil.

La nuit était devenue très-froide, et un feu qui eût séché leurs vêtements ruisselants eût été le bienvenu. Bill avait bien son amadou et son briquet à sec dans une boîte d'étain, mais le combustible manquait, l'espar, qui eût pu les sortir d'embarras, flottait à plus d'un mille de là, dans les eaux basses.

Voyant qu'ils devaient renoncer au feu, ils ôtèrent leurs habits, puis les tordirent de toutes leurs forces pour en extraire l'eau, et les remirent sécher sur eux, comptant sur leur propre calorique pour compléter l'opération.

Le brouillard commençait à s'éclaircir, et la lune, émergeant soudain d'un nuage, leur permit de voir distinctement la plage sur laquelle ils venaient d'aborder.

Aussi loin que leurs regards pouvaient atteindre, partout on n'apercevait que le sable blanc. Ce n'était pas une surface unie, mais une agglomération de dunes, formant un labyrinthe qui semblait se prolonger indéfiniment. Ils résolurent de monter sur la plus haute élévation pour dominer de là le pays environnant, espérant découvrir une place convenable pour camper.

Sans la fatigue qui les accablait, ils eussent continué d'avancer soit à travers les dunes, soit le long du rivage, car depuis que la lune s'était montrée, ils pouvaient voir leur chemin, mais tous les quatre, même l'infatigable Bill, étaient à bout de forces. Leur court sommeil sur la pointe de sable ne les avait que peu reposés, et une fois sur le sommet de la dune, le besoin de dormir se fit de nouveau sentir impérieusement.

L'endroit ne paraissait pas mauvais, et ils se disposaient à s'y coucher, lorsqu'une circonstance leur suggéra l'idée d'aller plus loin.

Le vent soufflait de l'Océan, et à l'avis de Bill, météorologiste pratique, présageait un ouragan prochain. Il était déjà violent, et assez froid pour rendre leur installation sur la dune peu confortable; tandis que juste à la base de la colline, du côté de la plage, s'offrait un endroit abrité.

Ils virent bientôt, en essayant de gravir la dune, qu'ils

n'étaient pas encore au bout de leurs peines; ils enfonçaient à chaque pas dans le sable mouvant.

L'ascension leur parut donc extrêmement pénible, bien qu'elle ne fût que d'une centaine de pieds. Ils atteignirent enfin le sommet, mais ils n'aperçurent, de quelque côté qu'ils regardassent, que des dunes. Le sable brillait comme de l'argent sous les rayons de la lune; la contrée semblait couverte de neige; on se serait cru en Suède ou en Laponie.

L'effet était d'abord agréable et étrange, mais bientôt cette monotonie devint pénible, et les naufragés furent heureux de reposer leur vue sur l'Océan bleu.

Le vieux marin le montra à ses compagnons et tous les quatre descendirent le versant de la colline de sable.

En arrivant en bas, ils se trouvèrent dans un étroit ravin. Le sommet qu'ils venaient de quitter était le plus élevé d'une longue chaîne de dunes aboutissant à la côte. Une autre chaîne de collines courait parallèlement à la première vers l'intérieur.

Les bases en étaient si rapprochées qu'elles formaient un angle aigu, et la ravine qui sillonnait les deux versants ressemblait à une cavité produite par l'enlèvement d'une tranche prise sur un gigantesque melon.

C'est dans le bas de ce ravin que les naufragés se trouvèrent, après avoir descendu le versant de la dune, et là, ils se proposèrent de passer le reste de la nuit.

Ils furent assez désappointés en voyant que l'endroit de leur campement était si limité. Le fond de la ravine n'offrait pas la largeur d'un lit même pour le plus petit d'entre eux, en le supposant désireux de se coucher en travers.

Elle n'avait pas trois pieds de large et de plus la paroi

s'élevait brusquement en pente jusqu'au sommet de la dune.

A la vue de l'étroitesse de cette gorge, nos aventuriers furent désagréablement surpris, mais la fatigue l'emportant, ils résolurent de s'y établir.

Ils prirent une position demi-verticale, le dos et les pieds appuyés à la dune; cela alla bien tant qu'ils furent éveillés, mais lorsqu'ils eurent fermé les yeux, leurs muscles détendus par le sommeil les laissaient à chaque instant glisser au fond du trou; il en résultait de fréquentes atteintes à leur repos.

Ils acquirent bientôt la conviction qu'il leur serait impossible de dormir. Térence, plus impatient que les autres, déclara qu'il allait sans plus tarder chercher un autre lit.

Joignant l'action aux paroles, il se leva et parut prêt à partir.

« Nous ferions mieux de ne pas nous séparer, suggéra Harry Blount, autrement nous pourrions bien ne plus nous retrouver.

— Il y a quelque chose de vrai dans cette observation, dit le jeune Écossais, il me semble peu prudent de nous éloigner les uns des autres; qu'en pense le sage Bill?

— Je dis qu'il faut rester où nous sommes amarrés, répondit le vieux marin sans hésitation.

— Mais qui diable pourrait dormir ici? répondit le fils d'Érin, un cheval ou un éléphant peut-être; mais quant à moi, je préfère six pieds en long, même sur une pierre dure, à cette pente de sable mou.

— Arrêtez, Terry! cria Colin, j'ai une idée.

— Ah! cela ne m'étonne pas de la part de votre cervelle écossaise; dites-nous ce que vous avez trouvé.

— Oui, oui, Colin, reprit Harry Blount.

— Je vous annonce un repos parfait jusqu'au jour; voyez et profitez, bonsoir! »

Et Colin se laissa tomber au fond de la ravine où il s'étendit longitudinalement.

Les camarades suivirent son exemple, et bientôt ils dormaient si profondément que toutes les trompettes de la création ne les auraient pas réveillés.

VIII

LE SIMOON.

La gorge étant trop étroite pour leur permettre de se coucher côte à côte, ils s'étaient allongés à la file en commençant par Colin et finissant par le vieux marin.

Ainsi que nous l'avons dit, la ravine avait une pente, les dormeurs avaient donc eu la précaution de se placer de manière à ce que leurs têtes fussent plus hautes que leurs pieds.

Bill fut le dernier à s'abandonner au sommeil; ses compagnons avaient depuis quelque temps perdu la conscience des choses extérieures, qu'il écoutait encore le mugissement de la mer, et les plaintes de la brise qui soufflait entre les versants des dunes.

Cependant, vaincu par la fatigue, il finit par s'endormir à son tour.

Mais avant de fermer les yeux, il avait fait une observation dont le caractère ne pouvait échapper longtemps à un homme aussi expérimenté que lui. Le soudain obscurcissement du ciel, la disparition complète de la lune, sa couleur rouge au moment où elle s'était éclipsée, le bruit toujours croissant de la houle et du vent, et mille autres bruits précurseurs, tout annonçait l'imminence d'un ouragan.

Sur mer, la vigie ne s'y fût pas trompée et eût donné l'alarme au navire.

Mais entre ces hautes collines, Bill et ses compagnons devaient être à l'abri. Bill, ne soupçonnant pas qu'il pût y avoir aucun danger pour eux, appuya sa vieille tête sur laquelle tant d'orages avaient passé contre son oreiller de sable en disant simplement : Le mauvais temps ne tardera pas!

Sa prédiction s'accomplit bientôt; les naufragés avaient à peine dormi une heure lorsque la tempête se déchaîna. Ce fut une de ces soudaines colères des éléments fréquentes dans toutes les contrées tropicales, mais surtout dans les désertes régions de l'Afrique : c'était le *simoon*.

La vapeur brumeuse suspendue quelque temps dans l'atmosphère avait été balayée par la première rafale de vent, mais un nuage de sable blanc l'avait remplacée et s'élevait en tourbillonnant vers le ciel et même au loin sur l'Océan.

S'il eût fait jour, on eût vu d'immenses nuages de sable s'enrouler sur les dunes, tantôt se transformant en piliers, et immobiles comme de solides colonnes, ou bien s'avançant fièrement sur les sommets des collines pour se briser tout à coup et retomber en masses confuses; alors, les plus lourdes parcelles n'étant plus soutenues par la force du tourbillon se répandaient sur la terre comme une pluie de sable. Les naufragés dormaient toujours, malgré cette tempête de vent et de sable.

On pourrait supposer comme le vieux Bill qu'ils ne couraient aucun danger, pas même autant que si leur couche eût été mieux abritée, car il n'y avait ni arbres, ni cheminées, ni tuiles pour tomber sur eux; que, tout au plus, leur sommeil risquait d'être interrompu....

Mais ils étaient déjà à moitié ensevelis, et à moins que l'un d'eux ne se réveillât, ils allaient se trouver avant peu complétement ensablés; et une fois recouvert par le sable on perd toute énergie, les sens s'engourdissent, la torpeur devient insurmontable, c'est une prostration comme celle qui saisit le malheureux englouti par l'avalanche, c'est la mort.

Les naufragés semblaient déjà sous cette influence, ils paraissaient frappés d'une inexplicable paralysie; malgré le bruit des vagues qui se heurtaient furieuses contre le rivage, malgré le mugissement du vent et malgré la poussière qui leur entrait dans la bouche, les narines et les oreilles, et menaçait de les suffoquer, ils continuaient à ne donner aucun signe de vie.

S'ils n'entendaient pas l'ouragan hurlant au-dessus de leurs têtes, s'ils ne sentaient pas le sable qui pesait lourdement sur eux, comment donc seraient-ils avertis de leur danger? Qui pourrait les sortir de cet étrange assoupissement?

IX

UN CAUCHEMAR BIENFAISANT.

Une heure s'était à peine écoulée depuis le commencement de la tempête, et déjà nos dormeurs avaient plusieurs pieds de sable sur le corps; une personne traversant la ravine ne se fût fait aucun scrupule de poser sur eux ses pieds, tant il eût été difficile de supposer que quatre hommes gisaient sous ces masses poudreuses.

Cette circonstance leur fut favorable, car elle amena leur réveil.

Ils commençaient à éprouver un sentiment de suffocation accompagné de lourdeur dans les membres; un immense fardeau les accablait, et leur rendait impossible tout mouvement. C'était une sensation comparable à celle que l'on ressent dans le cauchemar, et qui pouvait être aussi bien amenée par leur extrême fatigue que par le poids qu'ils supportaient en réalité.

Leurs têtes reposant plus haut que leurs corps n'étaient pas profondément enterrées; la poussière y tombait légèrement et permettait encore à l'air de passer.

Harry Blount rêvait qu'il était tombé dans un précipice; Colin, qu'un ogre gigantesque le poursuivait; le jeune Hibernien se croyait dans un incendie; le vieux Bill se débattait sous l'eau où il enfonçait malgré ses efforts pour surnager.

Tous les quatre furent arrachés au même moment à cet affreux sommeil, par une sensation des plus douloureuses; il leur semblait que l'on trépignait sur leur corps, que quelque masse énorme les écrasait.

Cette pression s'étant répétée deux fois, à une seconde d'intervalle à peine, les dormeurs reprirent assez leurs sens pour comprendre qu'ils seraient écrasés en effet s'ils ne faisaient des efforts désespérés pour sortir de cette position.

Leurs exclamations prouvaient d'ailleurs qu'ils appartenaient encore au monde des vivants, mais leurs cris n'expliquaient en rien la cause de ce brusque réveil.

Ils éternuaient et toussaient à ne pouvoir se comprendre; le simoon soufflait toujours, et ils avaient du sable dans la bouche, dans les narines, dans les yeux; leur conversation ressemblait à des piaulements de singes fourvoyés dans un débit de tabac.

Il se passa quelque temps avant qu'aucun d'eux pût dire une parole intelligible, et alors il se trouva que chacun avait la même histoire à conter. Chacun avait senti les deux pressions, et vu, bien qu'indistinctement, une énorme masse passer sur lui, quelque quadrupède sans

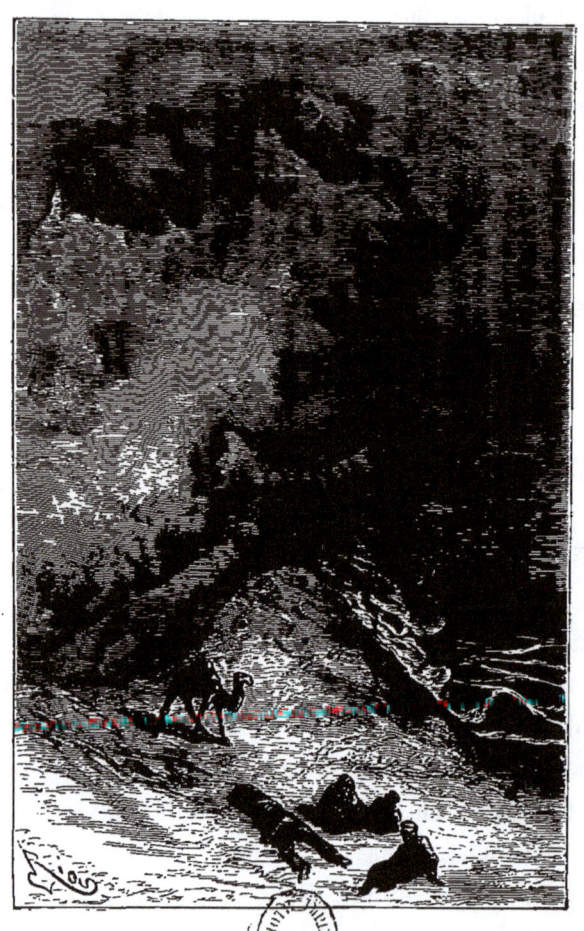

BIENTOT, CEPENDANT, ILS DISTINGUÈRENT
UN PIÉTINEMENT PROLONGÉ.

doute, mais de quelle espèce? c'est ce qu'ils ignoraient. Tout ce qu'ils savaient, c'est que c'était un animal gigantesque, étrange, avec un corps et un cou menus, de longues jambes, et des pieds, car ils les avaient sentis peser sur eux.

Les trois midshipmen n'étaient que de jeunes garçons, et ils n'avaient pas depuis assez longtemps quitté la chambre des enfants, pour être au-dessus de l'influence laissée par les contes de leurs nourrices; quant à Bill, cinquante années de « labourage » sur l'Océan n'avaient fait que le confirmer dans la croyance que « l'art noir » n'est point tant un mythe que les philosophes voudraient le faire accroire. Tous étaient donc disposés à attribuer leur brusque réveil à une créature de l'espèce surnaturelle.

A peine sortis de ce cauchemar, et le cerveau encore troublé, au lieu de chercher à deviner quel pouvait être l'étrange animal, ils se laissaient aller aux plus bizarres suppositions, ne se doutant pas de quel danger l'intrus les avait délivrés et quelle gratitude ils lui devaient. La première surprise calmée, ils se turent, et écoutèrent en tremblant. Le grondement de la mer, les plaintes du vent, le bruissement du sable en tombant, furent les seuls bruits qu'ils entendirent d'abord.

Bientôt cependant ils distinguèrent un piétinement prolongé; on eût dit que quelque gigantesque créature s'adonnait à l'art de Terpsichore sur le banc de sable, au-dessus d'eux. Il s'y mêlait par intervalles des ronflements et des cris totalement inconnus à leurs oreilles. Le vieux Bill, qui croyait connaître tous les sons de la création, ne pouvait classer ceux-là, il n'en avait jamais entendu de pareils ni sur mer ni sur terre.

« Que je sois pendu ! murmura-t-il à ses compagnons, je n'y comprends rien.

— Hush! s'écria Harry Blount.

— Aïe, fit Térence.

— Psh! murmura Colin, quoi que ce soit, cela se rapproche, attention ! »

Le jeune Écossais disait vrai, le bruit des pas, les ronflements et les cris avançaient évidemment de leur côté, bien que la créature qui les produisait restât invisible dans le brouillard de sable qui les enveloppait. On en entendait assez cependant pour préjuger qu'un corps énorme descendait rapidement la pente de la gorge, et avec une impétuosité qui rendait prudent de ne pas rester sur son chemin.

Les naufragés cherchèrent instinctivement refuge comme ils purent sur la déclivité opposée de la dune.

A peine ce changement de position était-il opéré, qu'une masse énorme passa tout près d'eux, rasant presque leurs pieds.

Malgré cela, pas un cependant n'aurait pu dire ce que c'était, et lorsqu'elle eut disparu dans le nuage de poussière, poursuivant son chemin en bas de la ravine, ils ne se trouvèrent pas plus avancés qu'auparavant; tout ce qu'ils avaient pu voir, c'était un assemblage d'objets noirs ressemblant à la tête, au cou et aux jambes de quelque animal extraordinaire.

X

LE MEHARI.

Les jeunes gens restèrent quelque temps à former des conjectures ; Bill réfléchissait de son côté.

Ils continuaient d'entendre, par intervalles, les sons qui les avaient tant étonnés, les battements de pieds, les ronflements et les cris, bien qu'ils ne vissent plus rien.

Si les naufragés n'avaient pas su qu'ils étaient sur la côte d'Afrique, cette terre féconde en animaux étranges, ils auraient cru à quelque chose de surnaturel, mais la réflexion et le sang-froid commençant à leur revenir, ils pensèrent que ce qu'ils avaient vu, entendu et senti, n'était rien autre qu'un énorme quadrupède.

La principale objection à faire à cette supposition était la singulière conduite de l'animal. Pourquoi avait-il été en haut de la gorge, pour venir ensuite se démener au bas, d'une façon désespérée ?

Il était difficile de répondre à ces questions avant le lever du soleil.

Le simoon avait cessé, et enfin, avec le jour, les naufragés reconnurent à qui ils avaient affaire.

C'était bien un quadrupède, et s'il leur avait semblé étrange dans les ténèbres, il ne le paraissait pas moins maintenant.

Il avait un long cou, une tête presque sans oreilles, un profil busqué, des callosités aux genoux et des jambes terminées par de larges pieds fendus, une queue chétive et mal fournie; la grosse bosse s'élevant sur son dos indiquait un dromadaire.

« Ah! c'est seulement un chameau! cria Bill dès que le jour lui eut permis de bien voir l'animal; que diable fait-il ici ?

— Sûrement, s'écria Térence, c'est lui qui a marché sur nous pendant notre sommeil. J'en ai perdu la respiration quand il a passé sur mon estomac.

— Et moi aussi, dit Colin, il m'avait enfoncé d'un bon pied dans le sable. Ah! nous pouvons nous féliciter maintenant d'en avoir eu si épais sur nous. Sans cela cette grande brute nous aurait mis en pièces. »

Les naufragés se rapprochèrent de l'animal. Il était couché, non comme s'il eût pris cette position pour se reposer, mais dans une attitude contrainte. Son long cou était engagé dans ses jambes de devant, et sa tête reposait plus bas, à demi ensablée déjà. Comme il se tenait immobile, ils le crurent mort, et supposèrent qu'il s'était blessé en tombant. Cela pouvait expliquer ses soubresauts, provenant sans doute des convulsions de l'agonie.

En l'examinant bien cependant, ils reconnurent qu'il était non-seulement vivant, mais en parfaite santé, et comprirent la cause de ces singuliers mouvements. Un fort licou, attaché autour de sa tête, s'était pris dans ses jambes de devant, où un nœud l'avait retenu, c'est ce qui avait amené sa chute. Le long bout de la corde était noué solidement autour de ses jambes.

XI

UN DÉJEUNER FRUGAL.

La mélancolique situation du chameau réjouit la vue de ceux qui le regardaient. Affamés comme ils étaient, sa chair pouvait leur servir de nourriture; de plus ils savaient qu'à l'intérieur de son estomac ils trouveraient une provision d'eau qui leur permettrait de calmer leur soif dévorante.

Ils s'aperçurent cependant que pour assouvir ce dernier besoin, il serait inutile de tuer l'animal. Sur le sommet de sa bosse était un petit coussin plat, fermement retenu à sa place par une forte lanière de cuir passant sous le ventre. Cela indiquait un *mehari* — ou chameau de selle — un de ces animaux à l'allure si rapide, employés par les Arabes dans leurs longues courses à travers le désert, et communs chez les tribus du Sahara.

Ce ne fut pas la selle qui attira l'attention de nos aventuriers, mais une espèce de sac qui pendait derrière la bosse du mehari. Le sac était en peau de chèvre, et après examen il se trouva être à moitié plein d'eau. C'était en réalité « le gerba » appartenant au propriétaire de l'animal, objet faisant partie de l'équipement, et plus indispensable que la selle même.

Les quatre naufragés souffrant de la soif, ne se firent aucun scrupule de s'approprier le contenu du sac. Ils le détachèrent, arrachèrent le bouchon, se passèrent tour à tour le précieux liquide et burent avec avidité jusqu'à la dernière goutte.

Ayant trouvé ce soulagement si à propos, ils tinrent ensuite conseil pour aviser à calmer leur appétit. Tueraient-ils le chameau ?

Cet expédient paraissait être leur seule ressource, et l'impétueux Térence avait déjà dégainé son poignard de marin dans le but de l'enfoncer dans le corps de l'animal.

Colin, plus calme, lui cria d'attendre au moins qu'ils eussent pris le temps de réfléchir.

On débattit la question. Les opinions se partageaient; Térence et Harry Blount étaient d'avis de tuer l'animal immédiatement et de déjeuner sans tarder. Le marin se joignit à Colin pour s'élever contre cette proposition.

« Utilisons-le d'abord à nous transporter quelque part, suggéra le jeune Écossais. Nous pouvons nous passer de nourriture encore un jour; alors, si nous ne trouvons rien, nous dépècerons la bête.

— Mais que peut-on espérer dans un pareil pays ? demanda Harry Blount. Regardez autour de vous ! je ne vois de vert que la mer, on n'aperçoit rien de quelque côté qu'on se tourne, pas seulement de quoi faire le dîner d'une marmotte.

— Peut-être, répondit Colin, quand nous aurons voyagé quelques milles, rencontrerons-nous une autre nature. Nous pouvons longer la côte. Pourquoi ne trouverions-nous pas quelques coquillages, assez pour nous soutenir? Regardez là-bas, je vois un endroit sombre sur la plage. Je ne serais pas étonné qu'il y en eût là quelques-uns. »

Tous les regards se tournèrent instantanément de ce côté, à l'exception de ceux de Bill, et l'exclamation qui lui échappa, aussi bien que le mouvement qui l'accompagnait attirant l'attention de ses camarades, ils se retournèrent vers lui.

« C'est une femelle, ajouta-t-il, et elle a eu un petit il n'y a pas longtemps. Regardez : elle a du lait ; il y en aura assez pour nous tous, je vous le garantis. »

Pour prouver ce qu'il avançait, le marin se mit à genoux près de l'animal toujours couché, et approchant sa bouche de la mamelle, il se mit à teter.

Le mehari ne fit aucune résistance : s'il s'étonnait du singulier petit qui s'était ainsi attaché à lui, c'était seulement à cause de sa couleur et de son costume, car, sans nul doute, il était habitué à rendre le même service à son propriétaire africain.

« Excellent! première qualité! cria Bill en se reculant un instant pour reprendre haleine ; — égalant la meilleure crème ; il nous faudrait seulement un morceau de pain pour l'accompagner ou quelques-uns de vos *parrick* écossais, master Colin ! Mais j'oublie, mes braves enfants, continua-t-il en se levant, que vous devez être encore plus affamés que moi. Allez! chacun à son tour; il y en aura pour tout le monde. »

Les jeunes gens s'agenouillèrent comme avait fait le marin, l'un après l'autre, et burent copieusement à « la fontaine du désert. »

Lorsque chacun eut bu à peu près la valeur d'une pinte de ce liquide nourrissant, la mamelle du chameau se dégonflant, les avertit que, pour cette fois, la provision du lait était épuisée.

Ce repas fit grand bien aux estomacs affamés des naufragés, et Térence lui-même se déclara prêt à rester caché jusqu'à ce que la nuit leur fournît l'occasion d'échapper à la monotonie de leur situation.

XII

LE MARIN TROUVE DES COQUILLAGES.

On ne parlait plus de tuer le chameau, c'eût été détruire la poule aux œufs d'or. Bien qu'ils eussent encore très-bon appétit, le lait avait apaisé les plus grandes tortures de la faim, et tous déclarèrent pouvoir rester plusieurs heures sans manger.

La question qui se présentait maintenant était celle-ci : De quel côté fallait-il se diriger ?

Le lecteur s'étonnera peut-être que cela fût mis en question.

Le chameau étant sellé et caparaçonné, on devait en conjecturer naturellement que l'animal avait échappé à son propriétaire et s'était égaré. Ce fut aussi cette hypothèse qui se présenta à l'esprit de nos aventuriers.

Il était à peine possible de donner une autre explication; c'était d'ailleurs mieux qu'une supposition et presque une certitude pour les naufragés. Il restait à savoir où l'on pouvait rencontrer son maître.

Ils connaissaient assez la côte sur laquelle ils venaient d'échouer pour supposer que le propriétaire du chameau égaré devait être quelque Arabe et qu'on ne le retrouverait ni dans une maison, ni dans une ville, mais sous la tente, et, selon toute probabilité, en compagnie d'autres Arabes.

Térence avait proposé de chercher le maître du chameau. Le jeune Irlandais ne savait rien de la terrible réputation des habitants de la côte de Barbarie; Bill, mieux informé, avait d'excellentes raisons pour les craindre.

« Sûrement, dit Térence, ce ne sont pas des cannibales; ils ne nous mangeraient pas, je suppose?

— En vérité, je n'en suis pas si certain que cela, master Terry, répliqua Bill; et supposant qu'ils ne nous mangent pas, ils pourraient faire pis.

— Comment!

— Oui, je le répète, ils nous tortureraient peut-être jusqu'à nous faire désirer la mort.

— Qu'est-ce qui peut vous faire penser cela?

— Hélas! maître Terry, soupira le vieux marin en prenant un air sérieux que ses jeunes camarades n'avaient jamais vu sur son joyeux visage, je vais vous dire quelque chose qui vous convaincra de la vérité de ce que j'avance et vous donnera une idée de ce que nous devons espérer, si nous tombons dans les mains de ces brigands-là. »

Bill avait déjà fait allusion au péril que l'on courrait, si l'on se rencontrait avec les habitants de la contrée.

« Parlez, Bill.

— Eh bien, jeunes maîtres, je veux vous dire que mon propre frère fit naufrage sur cette côte, il y a de cela à peu près dix ans, et il ne revit jamais la vieille Angleterre.

— Peut-être a-t-il été noyé?

— Cela eût mieux valu pour lui, pauvre garçon ! Non, il n'eut point cette chance; l'équipage aborda sur la côte, et ils furent tous faits prisonniers par une bande d'Arabes. Un seul revint dans sa patrie; encore n'eut-il ce bonheur que parce qu'un marchand juif de Mogador avait appris qu'il avait des parents riches pour payer sa rançon. Je le vis quelque temps après son retour en Angleterre, et il me raconta toutes les souffrances par lesquelles il avait passé ainsi que mon frère, car Jim — c'était son nom — était avec la tribu qui l'emmena. Vous ne pouvez concevoir les cruautés auxquelles ils furent en butte : la mort semblerait douce à comparer avec de pareilles souffrances. Pauvre Jim ! je pense qu'il est mort depuis longtemps ! Si j'en juge par moi, je n'aurais pas enduré cela une semaine, et il y a dix ans! Non, master Terry, il ne faut pas songer à retrouver le propriétaire de la bête, mais faire tout ce que nous pourrons pour nous mettre hors de son chemin.

— Que nous conseillez-vous, Bill?

— Je ne sais trop, répliqua le marin, mais le meilleur plan est de se tenir près de la côte et de ne pas perdre l'eau de vue. Si nous avançons dans l'intérieur, nous sommes sûrs de nous perdre d'une façon ou d'une autre; en marchant vers le sud, nous pouvons arriver à quelque port marchand en relations avec le Portugal.

— Nous ferions bien de partir immédiatement alors, suggéra l'impatient Térence.

— Non, maître Terry, dit le marin, pas avant la nuit. Nous ne devons pas bouger d'ici avant qu'il fasse noir.

— Comment, s'écrièrent les midshipmen, rester ici jusqu'à la nuit, impossible !

— Oui, garçons, et il faut nous cacher encore. Sûr comme nous vivons, il doit y avoir quelqu'un à la recherche de ce mehari — nous nous en apercevrons assez tôt, oui. Si nous nous aventurons à sortir avant le jour, nous serons vus certainement des collines. On dit que les pillards sont toujours aux aguets quand il y a eu un naufrage sur la côte, et je jurerais que cette bête leur appartient.

— Mais comment ferons-nous pour nous substanter ? dit un des jeunes gens, nous serons morts de faim avant la tombée de la nuit ; le chameau n'ayant rien à manger ni à boire ne donnera plus de lait. »

Cela était malheureusement trop vraisemblable et personne ne répondit. Les yeux de Colin erraient de nouveau sur le rivage. « Il me semble, dit-il, que je vois quelque chose de noir là-bas.

— Tenez vos langues, jeunesse, dit le marin ; restez là, et je vais essayer de trouver quelques coquillages dont nous puissions faire notre repas. Je vais me glisser jusque-là. »

Ainsi parlant, Bill, après avoir fait quelques pas hors de la gorge, se mit à plat ventre et avança dans cette position ; on eût dit un gigantesque lézard rampant sur le sable. La marée s'était retirée, mais la plage humide commençait à une très-courte distance de la base des dunes.

Après dix minutes d'efforts, Bill réussit à gagner la place noire où Colin avait cru voir quelque chose; le vieux marin fut aussitôt activement occupé, et par ses mouvements il paraissait évident que son voyage ne serait pas tout à fait infructueux. Les mains s'étendaient dans différentes directions, puis se plongeaient à chaque instant dans les vastes poches de sa jaquette.

Au bout d'une demi-heure de cet exercice on le vit revenir en rampant vers les dunes. Son retour fut effectué plus lentement que son départ, et on pouvait voir qu'il était lourdement chargé.

En arrivant à la ravine, il se débarrassa aussitôt de son fardeau. C'était à peu près trois cents coquillages qui ressemblaient à des moules.

Elles étaient non-seulement mangeables, mais délicieuses, du moins elles parurent telles à ceux qui les avalèrent.

BILL RÉUSSIT A GAGNER LA PLACE NOIRE.

XIII

XIII

IL FAUT SE CACHER.

De la place où le chameau était toujours étendu, la mer n'était pas visible pour quelqu'un qui eût été couché à terre : il fallait se tenir debout et se placer sur une éminence pour apercevoir le rivage et l'Océan au delà.

Les naufragés ne couraient conséquemment aucun danger d'être découverts par ceux qui se trouveraient sur la plage. La dune formait une sorte de parapet devant eux. On eût pu facilement les apercevoir à l'arrière, mais il n'y avait pour le moment rien à craindre de ce côté.

A l'intérieur, le pays semblait être un labyrinthe de dunes, sans aucune ouverture qui pût indiquer un passage soit aux hommes, soit aux bêtes.

Le chameau, selon toute probabilité, s'était dirigé vers la gorge, guidé par son instinct, pour chercher un abri contre le simoon. Puisqu'il portait une selle, son propriétaire devait être en marche au moment où il lui échappa. Si nos aventuriers eussent été plus au courant des coutumes du Sahara, ils n'eussent point eu de doute là-dessus, car à l'approche « d'un shuma, » dont les signes précurseurs sont bien connus, les Bédouins lèvent en toute hâte leur campement et se mettent en marche avec tout ce qui leur appartient; autrement ils courraient risque d'être enterrés sous les sables mouvants.

D'après les conseils du marin, qui semblait connaître le désert autant que la mer, les naufragés se couchèrent de façon à n'être point aperçus de la plage.

A peine avaient-ils pris cette position que le vieux Bill, qui se tenait toujours aux aguets, annonça qu'il voyait quelque chose.

Deux formes sombres s'avançaient le long du rivage, venant du côté sud, mais à une si grande distance, qu'il était impossible de dire quelles espèces de créatures ce pouvait être.

« Laissez-moi regarder, proposa Colin, par bonheur j'ai ma lunette. Elle était dans ma poche quand nous nous enfuîmes du vaisseau. »

Tout en parlant, le jeune Écossais sortit de sa veste un petit télescope. Il le dirigea vers l'endroit en question, ayant soin en même temps de tenir sa tête aussi bas que possible. Il annonça immédiatement le résultat de son examen.

« Ce sont des gens charmants, dit-il, habillés de toutes les couleurs de l'arc-en-ciel. Je vois des châles brillants, des coiffures rouges et des manteaux rayés. L'un est monté sur un cheval, l'autre sur un chameau, juste comme celui-ci. Ils viennent doucement et semblent regarder autour d'eux.

— Ah! voilà ce que je craignais! dit Bill. Ce sont les propriétaires de l'animal; ils sont à sa recherche; heureusement que le sable couvre ses traces, autrement ils arriveraient droit sur nous. Baissez-vous, baissez-vous, maître Colin! il ne faut pas montrer nos têtes au-dessus de la dune; il ne faut pas qu'ils en voient seulement grand comme une pièce de six pence. »

Le marin dit ces derniers mots dans un jargon intraduisible. C'était une excentricité lorsqu'il s'adressait à ses compagnons, de s'exprimer dans le patois national de l'individu auquel il parlait. Ainsi, dans une conversation avec Harry Blount, ses *h's* ne traînaient pas, et avec Térence, le milésien qui s'échappait de ses lèvres avait un accent aussi pur que celui de Tipperary. Dans un tête-à-tête avec Colin, on aurait juré que Bill était plus Écossais que le jeune Macpherson lui-même.

Colin comprit la justesse de l'observation du marin, et immédiatement il retira sa tête. L'incident plaçait nos aventuriers dans une position à la fois fatigante et inquiétante. La curiosité tout au moins les rendait désireux de surveiller les mouvements des gens qui s'approchaient. Il le fallait pour savoir quand il leur serait possible de lever leurs têtes au-dessus de la dune, et ils couraient risque de les montrer juste au moment où les cavaliers seraient en position de les voir.

Comme le marin l'avait dit, le moindre objet noir de la grandeur d'une pièce de six pence, s'enlevant sur la blancheur de neige de la dune, devait immanquablement s'apercevoir, et il était évident que si l'un d'eux regardait par-dessus, il serait immédiatement découvert.

Tandis qu'ils discutaient, le temps s'était écoulé. Les gens qu'ils craignaient s'approchèrent. Les transes des naufragés augmentèrent. Ils savaient que les enfants du désert ont beaucoup d'instinct, ou tout au moins une expérience qui leur permet de découvrir le plus léger changement dans l'aspect d'un endroit bien connu d'eux.

Leur situation était donc pleine de danger, et heureusement ils en furent tirés plus tôt qu'ils ne l'eussent espéré. Colin avait trouvé le moyen de tourner la difficulté.

« Ah! s'écria-t-il, j'ai une idée. Je surveillerai nos compagnons sans leur laisser une chance pour nous voir, je vous en réponds.

— Comment? » demandèrent les autres.

Colin ne fit point de réplique verbale; il enfonça son télescope dans le parapet de sable, de manière que l'extrémité du tube passait de l'autre côté. Aussitôt qu'il eut fini cet arrangement, il mit son œil au verre et annonça bientôt à voix basse qu'il apercevait les cavaliers.

XIV

LES TRACES SUR LE SABLE.

Le tube du télescope solidement engagé dans le sable se tenait tout seul. Il fallait seulement l'incliner d'un côté ou d'un autre pour que les arrivants fussent toujours en vue. Par ce moyen nos aventuriers purent suivre tous leurs mouvements sans courir beaucoup de risques. Chacun se mit à son tour à la lunette pour satisfaire sa curiosité; après quoi l'instrument fut laissé à son propriétaire qui tint constamment son œil fixé dessus, communiquant de temps à autre ses observations à ses compagnons.

« Je puis vous dire comment sont faits leurs visages, murmura-t-il; ils sont, ma foi, assez laids. L'un est jaune, et l'autre noir. Ce dernier doit être un nègre, car il a les cheveux laineux; c'est lui qui monte le chameau, un animal tout pareil à celui-ci. L'homme jaune, sur le cheval, a une barbe pointue, et il a le regard perçant et dur comme celui de ces Maures que nous avons vus à Tétuan. C'est un Arabe, je suppose. Ce doit être le maître du noir. Je lui vois faire des gestes comme s'il donnait des ordres. Là! les voilà arrêtés! Ils regardent par ici.

— Merci de nous! murmura Bill, ils ont vu la lunette!

— En vérité, cela me paraît assez probable, observa Térence. Le verre doit briller au soleil et être visible pour un œil d'Arabe.

— Ne ferions-nous pas bien de le retirer? demanda Bill.

— Très-vrai, répondit Colin, mais je pense qu'il est trop tard maintenant. Si c'est là ce qui les a arrêtés, c'en est déjà fait de nous.

— Retirez-le doucement, quoi qu'il en soit; s'ils ne le voient plus, ils peuvent ne pas venir jusqu'ici. »

Colin allait suivre cet avis, quand, en donnant un dernier regard au télescope, il s'aperçut que les voyageurs continuaient leur marche le long du rivage comme s'ils n'avaient rien vu qui pût les faire dévier de leur course.

Heureusement pour les naufragés, ce n'était pas l'éclat de la lentille qui les avait fait arrêter. Une ravine ouverte à travers la chaîne des dunes, beaucoup plus large que celle dans laquelle nos marins étaient cachés, débouchait sur le rivage, à quelque distance au-dessous. C'était cette ouverture qui avait attiré l'attention des deux cavaliers, et d'après leurs gestes, Colin pouvait dire qu'ils causaient à ce sujet, incertains qu'ils étaient sans doute d'aller de ce côté ou de continuer leur marche vers la grève. Le colloque se termina. L'homme jaune mit son cheval au galop et le noir le suivit.

Il était évident d'après les regards qu'ils jetaient de tous

CHACUN SE MIT A SON TOUR A LA LUNETTE.

côtés qu'ils cherchaient quelque chose, le mehari probablement.

« Ils ne sont pas dans le bon chemin, dit Colin, aussitôt qu'il les eut vus disparaître derrière une dune; sinon, c'en était fait de nous.

— Vous pensez qu'ils n'ont pas vu briller les lentilles? reprit Harry.

— Bien certainement non, ou ils seraient venus vers nous; au lieu de cela, ils ont laissé le rivage et s'enfoncent dans l'intérieur. On ne les voit plus.

— Quelle joie! s'écria Térence en élevant sa tête au-dessus de la dune, ce que firent aussi les autres.

— Oui! vous pouvez bien vous réjouir, maître Térence; songez un peu quels fous nous sommes tous les quatre! Nous n'avions pas pensé aux traces! »

En parlant, Bill montrait le rivage dans la direction où il avait fait son excursion. Elles étaient distinctement marquées sur le sable humide. On eût dit qu'un grand crocodile s'était traîné là.

La vérité de ces paroles les frappa tous. Le hasard seul les avait empêchés d'être découverts.

Il eût suffi aux Arabes d'avancer de cent pas sur le rivage pour voir la double trace laissée par le marin, et sans nul doute l'idée de la suivre leur serait venue.

Mais les deux cavaliers s'étaient éloignés et le rivage se montrait de nouveau désert à la vue de nos aventuriers.

XV

LE VAISSEAU DU DÉSERT.

Bien que nos marins ne vissent maintenant aucune apparence de créature humaine, ils jugèrent prudent de ne point sortir de la gorge, ni même de lever leurs têtes autrement que par intervalles, pour s'assurer que la côte était toujours libre, et, satisfaits sur ce point, ils se cachèrent de nouveau.

Peut-être trouve-t-on ces précautions exagérées; mais nous avons dit les raisons pour lesquelles ils redoutaient d'être vus. Les hommes qu'ils devaient rencontrer ne pouvaient être que des ennemis, peut-être des bourreaux. Bill l'affirmait, Colin et Harry avaient appris par leurs lectures à quel point le marin disait vrai. Térence seul était incrédule.

Cependant, malgré sa nature bouillante, il se rangea à l'avis de ses compagnons, et jusqu'à l'heure où le crépuscule commença à empourprer la mer, personne ne fit un pas hors de la cachette.

Le chameau n'avait pas bougé; ils avaient pris d'ailleurs leurs précautions pour qu'il ne pût s'éloigner d'eux au cas où il lui en eût pris fantaisie, en lui attachant solidement les chevilles. Vers le soir l'animal fut trait de la même manière que le matin, et, ranimés par ce lait nourrissant, les naufragés se préparèrent à quitter un gîte dont ils se sentaient terriblement las.

Leurs préparatifs se firent promptement. Ils n'avaient qu'à délier le chameau et à le mettre sur la route, ou, comme Harry disait en riant, « à démarrer le vaisseau du désert et à commencer le voyage. »

Les derniers rayons du jour abandonnaient les blanches crêtes des dunes, quand ils sortirent de la cavité et commencèrent un voyage dont ils ne connaissaient ni la longueur ni l'issue.

Ils n'avaient même qu'une vague idée de la direction à prendre. Ils croyaient que la côte allait du nord au sud, et que l'un de ces points était celui vers lequel il fallait se diriger; et eussent-ils mieux apprécié leur situation, ils auraient fait aussi bien de laisser au hasard le soin de décider. Le vieux marin croyait plus fermement encore que les autres qu'il y avait des forts portugais le long de la côte, principalement au sud, et qu'en suivant le rivage ils y arriveraient. Les forts existaient en effet, ils existent encore aujourd'hui, et bien qu'à cette époque ils fussent plus près du point où leur vaisseau avait échoué, aucun cependant n'était assez rapproché pour être atteint par les naufragés affamés, quelle que fût leur persévérance.

Ignorant l'inutilité de leurs efforts, ils commencèrent leur entreprise avec un courage et une ardeur dignes d'un meilleur succès.

Pendant quelque temps, le mehari fut conduit à la main par Bill. Le repos pris dans la journée avait disposé tout le monde à la marche.

Cependant, comme la marée commençait à mouiller les anses sèches, pour éviter de marcher dans l'eau ils étaient forcés de se tenir assez haut sur la rive, ce qui les faisait passer à travers le sable mou et ne leur permettait que d'avancer lentement. Au bout de quelque temps la fatigue se fit sentir, et on songea au mehari qui avançait sur la surface mouvante avec la légèreté d'un chat. Rien n'empêchait que chacun y montât à son tour.

Ce projet fut mis à exécution aussitôt. Térence, l'auteur de la proposition, fut hissé sur le dos de l'animal. Mais bien que le jeune O'Connor eût été habitué à la selle depuis son enfance, le balancement, « tangage, » comme disaient nos aventuriers, de bâbord à tribord, d'avant en arrière, de haut en bas, fit bientôt crier « halte » à Térence, et il descendit avec un bien plus grand désir de marcher, qu'il n'en avait eu de monter le chameau.

Harry Blount prit sa place; mais bien que le jeune Anglais fût, lui aussi, un excellent écuyer, il trouva que son expérience n'allait pas jusqu'à monter sur la bosse d'un mehari, et il fut bientôt forcé d'abandonner cette monture incommode.

Le jeune Écossais lui succéda. Que ce fût par amour-propre, ou parce qu'il avait plus de patience, toujours est-il que Colin occupa son siége plus longtemps qu'aucun de ses camarades. Mais quoi qu'il fît, ses nerfs écossais ne purent résister, soumis à une telle allure; et Colin finit par déclarer qu'après tout il préférait faire le voyage sur ses jambes. En disant cela, il glissa des épaules de l'animal, le laissant une fois de plus sous la conduite du vieux Bill qui n'avait pas quitté la bride.

XVI

EN ROUTE.

Les tentatives infructueuses de ses jeunes compagnons auraient dû détourner le marin d'essayer du chameau, surtout, puisqu'il avouait ne s'être jamais de sa vie posé sur une selle. Mais il avait ses motifs pour ne pas renoncer à ce projet. Si mal à l'aise que le vieux loup de mer pût se sentir sur une monture, il ne pouvait guère l'être plus *qu'à pied*, c'est-à-dire qu'à terre.

Placez-le sur le pont d'un vaisseau, ou au milieu des agrès, et pas un homme de la marine d'Angleterre ne sera plus sûr de son équilibre; mais à terre, vous ne verrez jamais Bill aller de l'avant. Vous pourriez alors le comparer à un poisson avançant sur le rivage; vous seriez témoin d'une espèce de locomotion ressemblant plutôt à celle d'un manati ou d'un phoque qu'à celle du bipède humain. Comme le vieux loup de mer avait passé cinq

LES OMBRES DU CHAMEAU ET DU CAVALIER
S'ALLONGEAIENT.

jours à enfoncer dans le sable mou, il était profondément convaincu que n'importe quel autre mode de locomotion était préférable à cela ; et aussitôt que le jeune Écossais descendit de son siége, il y grimpa.

Il n'eut pas beaucoup d'efforts à faire, car le mehari bien dressé s'agenouillait lorsqu'on voulait le monter. Le marin venait de s'assurer sur la selle, lorsque la lune se leva et se mit à briller d'un éclat qui rivalisait presque avec la lumière du jour. Au milieu de ce paysage, sur le sable blanc, les ombres du chameau et du cavalier s'allongeaient bizarrement ; et bien que l'un fût au figuré un vaisseau et l'autre réellement un marin, leur juxtaposition offrait le plus comique des contrastes. Cela parut si drôle aux midshipmen, qu'oubliant toute idée de danger, ils éclatèrent de rire simultanément.

Tous avaient vu des chameaux, ou des dessins qui les représentent, mais jamais un de ces animaux portant un *marin*. L'idée d'un dromadaire amène forcément avec elle celle d'un Arabe, un individu maigre, nerveux, au teint basané, au costume pittoresque ; un burnous éclatant, flottant autour de son corps, avec un turban roulé autour de sa tête. Mais le mehari surmonté du marin en jaquette de drap formait un groupe assez grotesque ; aussi les midshipmen se laissèrent-ils aller à toute leur hilarité, faisant retentir les côtes du Sahara d'éclats joyeux, comme elles n'en avaient jamais peut-être entendu. Bill ne s'en formalisa point ; il était satisfait au contraire de voir ses jeunes camarades dans de telles dispositions, et les appelant pour qu'ils se tinssent auprès de lui, il lâcha la bride au mehari qui partit vivement.

Pendant quelque temps ses compagnons purent le suivre — en faisant des efforts — mais bientôt la distance s'augmenta entre eux, et il devint évident au marin, qu'à moins de pouvoir réprimer l'impétuosité de l'animal, il serait bientôt séparé de ceux qui le suivaient à pied.

Mais ralentir l'allure de la bête était justement le difficile et ce dont Bill se sentait incapable. Il est vrai qu'il tenait la bride, mais cela ne lui donnait que peu de prise sur le chameau; le vieux marin se savait aussi inhabile à diriger l'animal que s'il avait été en présence de la roue d'un vaisseau de soixante-dix tonneaux ayant la barre de son gouvernail démontée. Le mehari se conduisait tout à fait comme un navire dans cette situation; tantôt dérivant sur l'océan de sable mou, tantôt montant les pentes sablonneuses ou les descendant comme si elles eussent été des vagues; ou bien glissant comme une chaloupe sur une mer calme.

« Arrêtez-le! cria-t-il aussitôt que le mehari eut commencé à s'emporter. — Dieu me protége! Que voulez-vous, vieille brute! Amarrez-le! amarrez-le! Que je sois pendu! je serai forcé d'appeler tous les gens et de serrer la voile. Où diable naviguez-vous! Vous pouvez chuchoter et rire, jeunes gens, ce n'est pas une embarcation facile! Je vous le dis! Tonnerre et cieux! c'est tout ce que je puis faire de supporter une pareille course! Halloa! il est devant le vent. »

Au moment où le marin parlait ainsi, l'animal redoubla de vitesse.

Il poussa en même temps un cri étrange, une espèce de ronflement dont la cause ne pouvait venir de son cavalier.

Le chameau était déjà d'une centaine de pas en avance sur les piétons, mais après le cri, il prit une allure si vive, qu'il laissa bien loin derrière lui les midshipmen.

Ceux-ci ne virent plus, au bout de quelques instants, que l'ombre de l'homme et de la bête qui disparurent enfin tout à fait derrière les dunes.

XVII

LA DANSE INTERROMPUE.

Nous laisserons les midshipmen poursuivre Bill et sa monture. En réalité, l'animal l'emportait; pour quelle raison? ils ne pouvaient la deviner. Ils savaient seulement qu'il courait à raison de neuf ou dix lieues à l'heure, et que sa monture, au lieu de suivre la côte, direction qu'il eût voulu lui faire prendre, tournait le dos à la mer et s'enfonçait dans l'intérieur du pays.

Bill n'avait pas été longtemps à comprendre qu'il n'avait aucune autorité sur le mehari. Il avait tiré la bride et crié halte! jusqu'à ce que ses mains et son gosier fussent fatigués, tout cela sans succès. L'animal tenait peu de compte de ses commandements; il faisait la sourde oreille à toutes ses paroles et ne cédait rien aux sollicitations de la bride. Il se contentait alors d'allonger son cou disgracieux en avant de la façon la plus provoquante.

Les efforts faits par le marin pour l'arrêter n'étaient point très-vigoureux, car déjà il pouvait à peine se maintenir sur sa bosse, assis qu'il était à la mode arabe, c'est-à-dire sur la selle, comme sur une chaise, les pieds appuyés sur le cou de sa monture. C'était cette position qui rendait sa station si peu sûre, mais aucune autre n'est possible sur un mehari.

Au moment où l'animal avait pris une allure plus vive, il aurait pu se laisser glisser sur le sable sans grand danger d'être blessé; il y avait un instant songé, mais réfléchissant qu'alors le chameau pourrait s'enfuir, il se décida à rester, espérant d'ailleurs venir à bout de lui.

Lorsqu'il vit qu'il n'y pourrait point parvenir, et que le mehari n'en ferait qu'à sa tête, il était trop tard pour descendre sans courir risque de se blesser, car l'animal allait si vite que c'eût été s'exposer à une véritable chute, et il ne se trouvait plus sur le sable, mais dans une gorge profonde dont le fond était plein de cailloux aigus et de morceaux de rocs. Le chameau courait sur tout cela comme un véritable trotteur.

S'étant parfaitement rendu compte de la situation, Bill ne songea plus qu'à s'accrocher à sa monture de toute sa force. Il continua à appeler et à crier quelque temps encore; puis voyant que cela ne l'avançait à rien, il se résigna à garder le silence durant cette course bizarre.

Comment se terminerait-elle? où le chameau le conduisait-il? telles étaient les questions qu'il se posait. Une idée se présenta à son esprit, et lui inspira une vive appréhension. L'animal était évidemment pressé d'arriver quelque part. Il reniflait le vent en courant, il semblait appelé en avant. Quel pouvait être son but? Probablement le campement d'où il s'était échappé; il retournait à la tente de son maître, et ce maître n'était-il pas, selon toute probabilité, un des habitants du désert contre lesquels il devait se mettre en garde?

Il n'eut pas le loisir de se livrer longtemps aux conjectures, car le mehari arriva sur le haut d'une colline et alors apparut un spectacle qui justifia les craintes du marin.

Une petite vallée entourée de montagnes s'étendait devant lui; sa surface grise, poudreuse, était coupée par des parties d'une couleur plus sombre; la lune brillant dans le ciel bleu, les faisait reconnaître pour des touffes d'herbes et des buissons de mimosas. Près du centre de la petite vallée, une demi-douzaine d'objets sombres s'élevaient à plusieurs pieds au-dessus du niveau de la terre; à leur grandeur, à leur forme et à leur couleur, Bill reconnut les tentes d'un camp de Bédouins. Le vieux loup de mer n'en avait jamais vu, mais il ne pouvait s'y méprendre, malgré la rapidité de la course qui l'empêchait de bien voir.

En peu de secondes, cependant, il fut assez près pour mieux distinguer; c'était un cercle d'environ vingt mètres de diamètre, au milieu duquel s'agitaient des hommes, des femmes et des enfants. Autour d'eux il remarqua des animaux de différentes espèces: des chevaux, des chameaux, des moutons, des chèvres et des chiens. On entendait des voix, des cris, des chants, et une espèce de musique tirée de quelque grossier instrument. Le mehari l'emportait violemment vers le cercle. Le camp touchait la base de la montagne. Bill venait de se décider à se jeter à terre coûte

SON CAVALIER ACCOMPLIT UN SAUT PÉRILLEUX.

que coûte, mais il n'en eut point le temps. Avant d'avoir pu faire un mouvement, il comprit qu'il était découvert. Les cris qui s'élevèrent des tentes ne lui laissèrent aucun doute à cet égard. Il était trop tard pour tenter de fuir, et il resta collé à la selle, frappé de stupeur. Le chameau répondit par un ronflement à l'appel de ses compagnons, et se précipita droit sur le cercle des danseurs. Alors, au milieu des acclamations des hommes, des glapissements des femmes, des cris des enfants, des hennissements des chevaux, des bêlements des moutons et des chèvres, et des aboiements d'une vingtaine de chiens, le chameau s'arrêta si brusquement que son cavalier accomplit un saut périlleux et retomba les quatre fers en l'air. C'est ainsi que Bill fit son entrée dans le camp arabe.

XVIII

UNE RÉCEPTION QUI LAISSE A DÉSIRER.

Il est oiseux de dire que l'arrivée de l'étranger produisit quelque surprise parmi la troupe des Terpsichores au milieu de laquelle il avait été jeté avec si peu de cérémonie. Cependant l'étonnement des Arabes ne fut pas si grand qu'on pourrait le supposer. Un marin anglais, en pantalon et en jaquette, en chapeau verni, eût dû être une singulière apparition pour des hommes vêtus de burnous, de longues robes de couleurs voyantes, portant des sandales, et pour coiffures des fez et des turbans. Mais ni l'habillement du marin ni la couleur de sa peau ne parurent étranges à ceux qui l'entouraient. Ils y étaient accoutumés, trop bien, hélas!

La surprise qu'ils avaient témoignée venait seulement du *sans-façon* avec lequel le visiteur s'était présenté devant eux. Un immense éclat de rire s'éleva de la foule, et les animaux mêmes semblèrent partager l'hilarité générale, le mehari, spécialement : sa tête disgracieuse s'inclinait vers son cavalier renversé, d'un air tout à fait comique. Le marin se releva au milieu des exclamations. Une telle réception était faite pour le déconcerter, s'il eût assez retrouvé ses sens pour comprendre ce qui se passait ; mais abasourdi par sa chute, il ne s'était remis sur pied qu'avec l'intention de fuir une si mauvaise compagnie.

Après avoir fait quelques pas, il revint complétement à lui, et comprit clairement sa situation : il ne fallait pas songer à la fuite. Il était prisonnier d'une bande de Bédouins. Le marin fut assez surpris de voir plusieurs choses qui lui étaient familières. A l'entrée d'une tente, la plus grande de toutes, il remarqua une pile d'objets qui provenaient évidemment d'un vaisseau naufragé.

Bill ne pouvait avoir aucun doute quant au navire auquel tout cela avait appartenu. Il reconnaissait les épaves de la corvette, et aperçut même différentes choses qui étaient à lui. De l'autre côté du camp, près d'une autre grande tente, était une seconde pile d'équipements de marins, gardée, comme la première, par une sentinelle. Bill regarda tout à l'entour, dans l'espoir de découvrir quelques gens de l'équipage ; quelques-uns pouvaient avoir réussi, comme lui et ses trois compagnons, à atteindre le rivage, sur des barils, des espars, etc. S'il en était ainsi, ils avaient échappé aux rôdeurs des côtes, ou, en tout cas, ils n'étaient point au camp, à moins qu'ils ne fussent dans l'intérieur des tentes. Ceci ne paraissait point probable. Ils s'étaient plus vraisemblablement noyés, ou bien ils avaient succombé à un sort encore plus terrible, entre les mains des pillards de la côte.

Les circonstances dans lesquelles Bill fit ces suppositions devaient les lui faire apparaître comme à peu près certaines. Il était tiré et poussé par deux hommes armés de longs sabres recourbés, se disputant, selon toute apparence, pour savoir qui lui couperait la tête !

Ces deux hommes devaient être des « sheiks, » ainsi que le marin les entendit appeler, et tous deux paraissaient très-pressés de le décapiter.

Le marin voyait sa tête si compromise, qu'il fut quelques secondes, après avoir été lâché, à se demander si elle tenait encore sur ses épaules. Il ne pouvait comprendre un mot de ce qui se disait entre les parties rivales, bien qu'il y eût assez de paroles pour remplir une séance du parlement.

Au bout de quelque temps, le marin finit cependant par deviner, non par leurs discours, mais par leurs gestes, ce qui se passait entre eux. Les longs cimeterres n'en voulaient point à sa tête, leurs propriétaires se menaçaient mutuellement.

Bill reconnut que les sheiks se disputaient à son sujet, que le camp se composait de deux chefs et de deux tribus, probablement associés dans un but de pillage.

Il était évident, d'après les deux parts de butin séparées soigneusement et gardées devant la tente de chaque chef, qu'ils s'étaient partagé les débris de la corvette. La position de Bill était véritablement des plus graves. Il se voyait tiré tour à tour par les deux hommes, et il pouvait présumer presque sûrement que chacun d'eux désirait prendre possession de sa personne.

XIX

LES DEUX SHEIKS.

Il existait une grande dissemblance entre les deux chefs qui se disputaient Bill. L'un était un petit individu à face jaune et hâlée, aux traits durs et anguleux, dans lesquels on reconnaissait l'origine arabe; l'autre avait la peau d'un noir d'ébène, un corps herculéen, un visage large, un nez camard et des lèvres épaisses, une tête énorme fourrée d'une crinière de cheveux laineux tout hérissés.

Le sheik arabe voulait s'emparer du marin, parce qu'il savait qu'en l'emmenant vers le nord, il pourrait le vendre avantageusement, soit aux marchands juifs de Medinoin, soit aux consuls européens, à Mogador. Ce n'eût point été le premier naufragé des côtes du Sahara, rendu de cette façon à ses amis et à sa patrie, non par aucun sentiment d'humanité, comme on le devine, mais pour le profit qui en résultait.

Son rival noir avait une idée à peu près semblable. Seulement c'était à Timbuctoo qu'il se proposait d'emmener Bill. Si peu estimé que fût un homme blanc parmi les marchands arabes, quand il était considéré comme un simple esclave, le noir savait qu'au sud du Sal... il lui en serait donné un bon prix.

Après plusieurs minutes passées en paroles et en menaces, les deux rivaux cessèrent de brandir leurs cimeterres et la paix parut prête à se faire.

La contestation n'était cependant point décidée. Les deux chefs parlaient tour à tour, et bien que Bill ne comprît point un mot de leur discussion, il lui sembla que le petit Arabe appuyait ses prétentions sur ce que le chameau qui avait amené le prisonnier lui appartenait.

Le noir montrait les deux tas d'objets, et semblait alléguer que sa part avait été la plus faible.

A ce moment, un individu survint; un jeune homme qui paraissait avoir quelque crédit sur eux. Bill jugea que ce devait être un médiateur. Quelle que fût la proposition faite par lui, elle parut satisfaire les deux parties ennemies, et on sembla se préparer à clore la dispute d'une autre manière.

Les deux sheiks se rendirent, accompagnés de leurs partisans, vers un terrain uni et sablonneux à côté du camp. Un carré fut tracé sur le sable, dans lequel on creusa plusieurs rangées de petits trous longs, puis les deux rivaux s'assirent chacun de son côté. Tous les deux s'étaient déjà procuré un certain nombre de balles de fiente de chameau qui furent alors placées dans les trous, et le *helga* commença.

Bill était l'enjeu.

Le jeu consistait dans le changement des balles d'un trou dans un autre, semblable parfois aux mouvements des dames sur un damier. Pas un mot ne fut échangé entre les adversaires. Ils étaient accroupis l'un en face de l'autre, avec autant de gravité que deux joueurs d'échecs. Lorsque la partie fut finie, le bruit recommença; il y eut des exclamations de triomphe de la part du vainqueur et de ses partisans, des malédictions de la part du perdant. Bill reconnut ainsi qu'il appartenait au sheik noir. Celui-ci, d'ailleurs, vint immédiatement le chercher.

Mais le marin avait sans doute été joué contre *ses* vêtements, car on le dépouilla aussitôt de ses habits, jusqu'à sa chemise, et le tout fut remis à l'autre chef.

Puis le vieux marin fut conduit à la tente de son maître et placé, comme une nouvelle pièce de butin, sur la pile d'objets qui se trouvait à l'entrée.

XX

BILL EST MALTRAITÉ.

Pendant le jeu, Bill était devenu le point de mire des femmes, et des enfants surtout. Le marin, à moitié affamé, exprimait en vain sa souffrance par des signes. Il fut d'ailleurs peu désappointé. Il connaissait le caractère de ces sirènes du Sahara, et la façon dont elles se conduisent envers les malheureux qui tombent entre leurs mains.

Peut-être n'existe-t-il point de pays où les femmes manquent autant de bonté et de compassion que dans celui-là. Esclaves abaissées même quand elles portent le titre d'épouses, elles sont elles-mêmes plus mal traitées que les animaux dont elles ont à s'occuper, et que leurs propres servantes avec lesquelles elles vivent presque sur un pied d'égalité. Il semble que ces femmes trouvent quelque soulagement à leurs misères en imitant la cruauté de leurs maîtres et en l'exerçant sur d'autres.

Pendant que les oreilles de Bill étaient assourdies par les injures, et ses yeux aveuglés par la poussière, tandis qu'on lui crachait au visage, son corps était labouré par les bâtons, sa peau égratignée et piquée, ses favoris tirés jusqu'à la dislocation de ses mâchoires, et ses cheveux arrachés de son crâne par poignées.

Et tout cela au bruit de cris et de rires qui semblaient échappés aux furies!

Le vieux loup de mer lançait en vain les jurons les plus énergiques, c'est en vain qu'il criait : « Laissez-moi! » Ses vociférations, ses appels ne faisaient qu'exciter les bourreaux. Une femme se faisait remarquer entre toutes par son acharnement. On l'appelait Fatima. Malgré ce nom poétique, c'était une des créatures les plus hideuses qu'on pût voir. Ses deux dents canines s'avançaient de manière à lui tenir la bouche toujours ouverte; ses dents supérieures se trouvaient ainsi découvertes et montraient leur blancheur d'ivoire avec une expression d'hyène, ce qui était considéré comme un grand agrément par ses compatriotes. Des colliers de perles noires ornaient la poitrine ridée de cette beauté du désert; elle avait dans les cheveux des ornements d'os; des bracelets et des cercles ornaient ses poignets et ses chevilles. A son costume, à ses manières, on devinait une autorité, une sultane ou une reine.

En effet, lorsque le sheik noir fut venu prendre Bill pour garantir de tout dommage sa nouvelle propriété, Fatima le suivit dans sa tente avec des démonstrations qui indiquaient, sinon la favorite, du moins la présidente du harem.

XXI

LES TRACES DE BILL.

Comme nous l'avons déjà dit, la gaieté des midshipmen n'avait pas été de longue durée. Elle cessa avec la disparition de Bill. Tous les trois s'arrêtèrent alors et se regardèrent avec inquiétude.

Il leur paraissait évident que le mehari emportait Bill, les cris et les appels du marin prouvaient « que le navire du désert » n'obéissait point à son pilote.

Ils s'étonnèrent d'abord de ce que le marin ne se laissait pas glisser à terre, puis ils comprirent ses raisons, et qu'il devait craindre de laisser échapper le chameau. Mais ils s'étonnaient de l'allure fougueuse de l'animal, et se disaient qu'il devait y avoir à cette vivacité quelque cause nouvelle. Jusqu'alors il avait marché lentement, et avec la plus grande docilité; sans doute, il sentait maintenant le voisinage de ses maîtres.

Après le premier moment de surprise, les midshipmen tinrent conseil. Attendraient-ils le retour de Bill, ou suivraient-ils ses traces pour essayer de le rejoindre? Peut-être ne reviendrait-il pas ? S'il avait été emporté dans un camp de barbares, il serait retenu captif selon toute probabilité, mais sûrement, il n'aurait pas été assez simple pour permettre au mehari de le mener au milieu de ses ennemis?

Les trois jeunes gens restèrent, tout le temps de leur consultation, les yeux fixés sur l'ouverture par laquelle le mehari avait disparu. Les clairs rayons de la lune glissaient sur le sable blanc. Tout à coup ils crurent entendre des voix et des cris d'animaux; Colin affirmait qu'ils ne se trompaient point. Sans le bruit incessant des lames, qui roulaient presque jusqu'à l'endroit où ils se tenaient, ils n'eussent pu avoir aucun doute. Colin déclara que ces sons discordants s'élevaient d'un camp. Ses compagnons, sachant combien il avait l'ouïe fine, crurent à ses paroles.

De toutes façons, ils ne devaient point rester où ils étaient. Si Bill ne revenait point, le devoir les obligeait à aller à sa recherche. Si, au contraire, il revenait vers eux, ils le rencontreraient sans doute dans le passage par lequel il avait disparu.

Ce point résolu, les trois midshipmen se mirent en marche vers l'intérieur du pays.

XXII

BILL SUR LE POINT D'ÊTRE ABANDONNÉ.

Ils s'avancèrent avec précaution. Colin se montrait plus prudent que ses compagnons. Le jeune Anglais n'avait pas autant de méfiance que lui des « naturels, » et quant à O'Connor, il persistait à croire qu'il ne pouvait y avoir que peu de danger, s'il y en avait, à rencontrer des hommes; et il continuait à regarder un tel incident comme désirable.

« Colin prétend, dit Térence, qu'il entend des voix de femmes et d'enfants; sûrement le récit des cruautés qu'on leur attribue sont des contes de marins. S'il y a un camp, allons-y demander l'hospitalité. N'avez-vous point entendu parler de l'hospitalité arabe?

— Il a raison, ajouta Harry.

— Vous ne savez pas ce que j'ai lu et entendu dire là-dessus par des témoins oculaires, reprit Colin, ni même ce dont j'ai pu juger un peu moi-même. Chut ! écoutez. »

Le jeune Irlandais s'arrêta. Les autres firent comme lui. On entendait des cris de femmes, d'enfants et d'animaux. C'était le moment où les deux sheiks se disputaient Bill ; mais à tout ce bruit succéda un silence profond ; les chefs jouaient alors le helga.

Pendant ce moment de tranquillité, les midshipmen s'étaient avancés dans la ravine, et avaient rampé entre les collines qui entouraient le camp ; cachés par les branchages des mimosas et favorisés par la lune, ils purent voir tout ce qui se passait au milieu des tentes.

Ils rendirent alors pleine justice aux craintes exprimées par Colin. Bill leur apparut tout nu, au milieu des femmes, ou plutôt d'une bande de mégères qui ne mettaient aucun frein à leur cruauté envers lui. Bien que témoins du moment de répit que l'intervention du chef avait procuré à Bill, leur confiance dans ces Arabes ne resta pas moins très-médiocre. Ils comprenaient que le marin était considéré comme faisant partie du butin, comme une épave du naufrage.

Les trois jeunes gens se communiquaient leurs pensées à voix basse. Laisser leur vieux camarade entre de telles mains, n'était point une perspective agréable. C'était l'abandonner sur la pointe de sable, à la marée menaçante ; pis encore, car les vagues semblaient moins terribles que ces sorcières arabes.

Mais que pouvaient-ils faire, armés de leurs petits poignards, contre un si grand nombre d'ennemis ? Tous avaient des fusils, des cimeterres : c'eût été folie que d'essayer de délivrer Bill.

Il fallait donc laisser le marin à son sort. Les jeunes gens ne pouvaient que prier et faire des vœux pour lui.

Ils ne songèrent plus qu'à mettre entre eux et le camp arabe le plus de distance possible.

XXIII

LA RETRAITE.

La ravine dans laquelle le mehari avait emporté le marin, courait perpendiculairement vers le rivage et presque dans une ligne directe de la côte à la vallée où les Arabes étaient campés. On ne pouvait dire cependant qu'elle débouchait dans la vallée. Là, le simoon avait formé une barrière et réunissait les deux montagnes parallèles qui formaient les côtes de la ravine. Cette barrière n'était pas si haute que les montagnes, bien qu'elle fût élevée d'une centaine de pieds. Sa crête, vue en profil, avait la courbe d'une selle, la concavité tournée en haut.

Les midshipmen avaient reconnu les tentes arabes du sommet de ce col, et s'il eût fait jour, ils n'auraient pas eu besoin de s'avancer davantage pour voir ce qui s'y passait. Au clair de la lune ils avaient pu remarquer des formes de chevaux, d'hommes et d'enfants, mais pas assez distinctement pour se rendre compte de leurs actions. Cela fait, ils étaient descendus dans la vallée en se glissant avec précaution en bas de la pente sableuse.

En reprenant ce passage pour gagner le rivage, les midshipmen mirent une grande prudence, pas autant cependant que lorsqu'ils s'étaient approchés du camp : leur désir de fuir au plus vite les barbares leur avait ôté le calme que les circonstances demandaient. Cependant tous les trois arrivèrent au fond de la dune, sans avoir aucune raison de croire qu'ils eussent été observés.

Mais l'endroit périlleux était encore à franchir. Jusque-là ils n'avaient pas couru grand risque d'être vus; la lune n'éclairait pas le côté où ils se trouvaient; aussi ce n'était pas en montant la pente qu'ils craignaient d'être découverts, mais en passant sur le sommet de la muraille de sable; car ils avaient alors la lune en face d'eux. Les yeux perçants des Arabes pouvaient donc les apercevoir. Les midshipmen s'étonnaient maintenant de n'avoir pas été découverts pendant qu'ils avançaient. Ils le devaient probablement à ce que les Bédouins avaient été trop occupés de Bill pour songer à autre chose.

Leur situation était toute différente maintenant; la tranquillité était revenue dans le camp, et si par malheur un des Arabes s'avisait de regarder vers l'ouest au moment où ils traverseraient « la selle, » ils étaient perdus.

Que faire cependant? Il n'y avait pas d'autre chemin à prendre pour sortir de la vallée. Elle était entourée de tous côtés par des dunes escarpées, pas assez arides pour être infranchissables, mais éclairées par la lune qui brillait

AU CLAIR DE LA LUNE, ILS AVAIENT PU REMARQUER
DES FORMES DE CHEVAUX.

d'un grand éclat. Un chat n'eût pu y courir sans être vu des tentes, eût-il été même de la couleur du sable.

Les jeunes gens se consultèrent en toute hâte. Ils reconnurent qu'il n'y avait rien à gagner en retournant en arrière, rien en inclinant à droite ou à gauche. Il n'y avait pas d'autre chemin, pas d'autre parti à prendre que de gravir la montagne en face d'eux et de couper aussi promptement que possible à travers le creux de la « selle. »

Cependant il y avait encore un autre moyen; c'était d'attendre la disparition de la lune. Cette idée vint au prudent Écossais, et ses compagnons eussent bien fait de l'adopter; mais ils ne le voulurent pas; ce qu'ils avaient vu de la réception faite à Bill, leur avait inspiré un violent désir de s'éloigner le plus tôt possible.

Colin n'insista point. Il retira sa proposition et tous les trois commencèrent leur ascension.

XXIV

UN ÉTRANGE QUADRUPÈDE.

A moitié chemin, ils firent halte, non pour reprendre haleine, des garçons bâtis comme eux ne pouvaient être fatigués pour si peu ; au lieu d'une montée de cent pieds, chacun d'eux eût gravi le Snowdon sans s'arrêter.

Ils avaient un autre motif. Ils venaient d'apercevoir un animal d'une forme étrange, qu'aucun d'eux n'avait jamais encore rencontré. Ils se rappelèrent bien avoir vu au Muséum un quadrupède ressemblant à celui-là, mais il leur était impossible de dire son nom.

Il n'était pas plus gros qu'un chien du Saint-Bernard, un *new-foundland,* ou un mâtin; mais il paraissait plus long. Il avait la forme canine, mais sa tête était excessivement grotesque, large et carrée, elle semblait plantée sur ses épaules; les membres de devant plus longs que ceux de derrière, hors de toute proportion, donnaient à la colonne vertébrale une brusque inclinaison vers la queue ; ce dernier appendice court, touffé et contourné. Une haie épaisse de soies dures sur son dos étendait ses chevaux de frise le long du cou gros et court jusqu'aux oreilles, couvertes aussi de poils.

Ils avaient tout loisir de l'observer. L'animal se trouvait sur le sommet de la montagne vers laquelle ils se dirigeaient. La lune brillait au-dessus ; aucun de ses mouvements ne leur échappait.

Il marchait de long en large comme une sentinelle vigilante, sans s'écarter d'une ligne du sommet de la dune.

Indépendamment de la surprise que la présence de cet animal causait aux midshipmen, il y avait quelque chose dans son aspect qui effrayait. Peut-être que s'ils eussent su son nom, ils eussent été moins inquiétés par sa présence. Au lieu d'avancer ils s'arrêtèrent pour se consulter.

On ne peut nier qu'il n'y eût de quoi réfléchir. Un animal, que le clair de lune, et leurs craintes aussi peut-être, leur faisaient paraître aussi gros qu'un taureau, n'était point un obstacle à mépriser, surtout disposé, comme il paraissait l'être, à leur disputer le passage. Harry Blount lui-même se sentit intimidé !

S'il n'y avait point eu de danger à retourner en arrière, peut-être nos aventuriers se fussent-ils rabattus sur la vallée ; mais il fallait prendre une résolution. Les midshipmen tirèrent leurs poignards et s'avancèrent en ligne de bataille vers la dune. Le diable lui-même eût reculé devant un tel assaut. L'Angleterre, l'Écosse, l'Irlande unies toutes trois, était-il sur terre un animal qui pût résister à une telle charge ?

S'il en existait un, ce n'était pas celui qui oscillait sur la selle de sable comme un balancier de pendule.

Bien avant que nos aventuriers se fussent avancés tout près, la créature avait disparu, non sans les saluer de façon à les faire douter de son véritable caractère, par des éclats de rire immodérés : il n'y avait pas à en douter, c'était Satan lui-même ou un de ses satellites éthiopiens.

XXV

LA POURSUITE A COR ET A CRI.

L'étrange créature qui menaçait de leur disputer le passage s'étant éclipsée, les midshipmen n'y pensèrent plus et s'occupèrent seulement de passer la dune sans être vus du camp.

Ils remirent leurs poignards dans leurs gaînes et continuèrent d'avancer avec précaution.

Peut-être eussent-ils accompli leur dessein, sans une circonstance dont ils ne s'étaient point méfiés : les rires de l'étrange quadrupède avaient été entendus des Arabes qui regardèrent du côté d'où ils partaient ; mais ce bruit n'avait rien d'extraordinaire pour eux : c'était le cri bien connu de l'*hyène rieuse*.

Aussitôt les enfants effrayés rentrèrent dans le camp, tandis que leurs mères se précipitèrent comme de vieilles poules hors de leurs tentes pour les rassembler autour d'elles et les prendre sous leur protection. Le voisinage d'une hyène affamée, surtout de cette espèce, avait de quoi alarmer, car elle venait nécessairement guetter l'occasion d'engloutir quelque jeune Ismaélite.

Le cri de l'animal avait donc produit une grande émotion dans le camp. Plusieurs des hommes prirent leurs fusils et sortirent, convoitant sa peau pour orner leurs tentes, et sa chair pour la manger.

Mais comme ils couraient du côté où les rires s'étaient fait entendre, ils aperçurent non une hyène, mais trois êtres humains que la lune éclairait en plein. Leurs vêtements de drap bleu, leurs boutons jaunes, leurs casquettes les firent reconnaître au premier regard des Arabes pour des marins : sans hésiter une seconde, tous les hommes s'élancèrent hors du camp en poussant des acclamations de joie et de surprise.

Quelques-uns partirent à pied comme s'ils allaient faire la chasse à l'hyène; d'autres montèrent sur leurs chameaux; plusieurs sellèrent leurs chevaux et partirent au galop.

Il est inutile de dire que les midshipmen savaient alors parfaitement ce qui les menaçait. Ils avaient entendu les clameurs des Arabes, et ils les voyaient courir en agitant leurs bras comme des fous.

Ils ne cherchèrent pas à en voir davantage. Rester où ils se trouvaient, c'était s'exposer indubitablement à être pris, et ce qu'ils avaient pu juger des traitements supportés par Bill, leur faisait préférer tout à un pareil sort. Sous l'impulsion de cette idée, tous les trois tournèrent le dos au camp et bondirent vers la ravine dont ils s'étaient si imprudemment éloignés.

XXVI

UN ASILE HUMIDE.

Comme la gorge n'était pas très-longue et qu'ils n'avaient qu'à descendre, ils ne mirent pas longtemps à la franchir et ils se trouvèrent sur le rivage.

Dans la précipitation de leur retraite, ils s'étaient dirigés vers la mer, sans savoir pourquoi, car ils n'avaient aucune chance de pouvoir échapper à leurs ennemis, dans cette direction. Il est vrai qu'ils n'en avaient pas davantage, quelque parti qu'ils prissent. La nuit était trop claire pour se cacher, surtout dans un pays où il n'y avait ni buissons ni taillis.

Cependant il y avait un moyen d'échapper aux Arabes : c'était de s'enfoncer dans les dunes et de suivre les creux latéraux qu'ils avaient remarqués, en montant avec précaution sur leurs genoux, en avant, dès que la marée les avertissait de répéter cette manœuvre.

Cet état de choses eût été supportable, sans une circonstance dont ils ne tardèrent pas à comprendre la gravité; non-seulement ils se rapprochaient ainsi de leurs ennemis, mais encore l'eau, près de la rive, étant comparativement tranquille, et sa surface unie moins troublée par les flocons d'écume, ils pouvaient être aperçus de la plage.

Pour éviter cette catastrophe, ils n'avancèrent vers le bord que lorsque cela devenait absolument nécessaire, attendant même que la marée couvrît leurs têtes.

Dans une situation aussi désespérée, bien des jeunes gens, des hommes même, se fussent abandonnés au désespoir, et à un sort qui paraissait presque inévitable.

Ce n'était, il est vrai, qu'un moyen bien chanceux; et, comme nous l'avons dit, il se présenta à eux trop tard, c'est-à-dire lorsqu'ils sortirent de la gorge et se trouvèrent sur le rivage, à deux cents mètres de la mer. Là ils firent halte, d'abord pour reprendre haleine, et puis pour tenir conseil.

Le temps pressait, et comme ils s'arrêtaient, leurs visages tournés les uns vers les autres, la lune éclaira des lèvres et des joues blêmies par la peur.

Pour la première fois se présenta à leur esprit la conviction qu'il n'y avait aucun espoir d'échapper à leurs ennemis, soit en fuyant, soit en se cachant.

Ils se trouvaient dans une plaine, aussi visibles sur le sable blanc que trois corbeaux au milieu d'un champ couvert de six pieds de neige.

Néanmoins les trois Anglais persévérèrent. Les lames

déferlaient contre leurs têtes, l'eau salée leur entrait dans la bouche et dans les yeux, et ils s'encourageaient les uns les autres à tenir ferme. Ils ne se trouvaient qu'à une encâblure à peine du rivage, mais ils pouvaient parler sans être entendus ; le bruit du ressac couvrait leurs voix.

Cependant leur situation devint de plus en plus périlleuse. Nous avons dit que jusqu'alors ils s'étaient avancés vers la côte en se traînant sur leurs genoux, ce qui leur permettait de maintenir au moins les trois quarts de la tête au-dessus de la surface de la mer.

Tout à coup l'eau devint plus profonde, et en se mettant sur leurs genoux, ils ne parvenaient point à la dépasser. En avançant encore vers la rive, ils s'exposaient à un autre danger, celui d'être aperçus de leurs ennemis, car le bouillonnement causé par les brisants cessait à cet endroit, et les plaques d'écume ne troublant plus la surface de l'eau, un bouchon, un brin d'herbe pouvaient s'y apercevoir. Les midshipmen se trouvaient donc en face de ce dilemme : ou rester où ils étaient, et ils couraient risque de se noyer ; ou avancer vers la côte en s'exposant à être vus de l'ennemi.

Ils s'accroupirent sur leurs pieds, se contentant de se mettre sur les genoux quand ils étaient trop fatigués, mais ils ne tardèrent pas à voir qu'ils enfonçaient de plus en plus et que leurs pieds ne s'appuyaient pas sur un fond ferme, mais sur une surface qui cédait toujours. Des sables mouvants ! pensèrent-ils avec effroi.

Heureusement pour eux, les Arabes, obéissant à leur terreur religieuse, s'étaient éloignés ; autrement leurs efforts pour n'être pas engloutis les eussent infailliblement trahis.

XXVII

LE RIRE MOQUEUR SE FAIT ENCORE ENTENDRE.

Après s'être débattus longtemps, nos aventuriers parvinrent à un endroit plus ferme, assez près du bord. Ils se trouvaient ainsi plus exposés à la vue qu'ils ne l'auraient souhaité; aussi tinrent-ils leurs visages cachés sous l'eau jusqu'aux yeux.

Bien qu'ils crussent leurs ennemis disparus pour tout de bon, ils n'osaient pas encore se risquer sur la plage. Les Arabes pouvaient se retourner, et le clair de lune étant toujours aussi brillant, on voyait de fort loin. Ils comprenaient qu'ils ne seraient en sûreté que lorsque la troupe aurait traversé la chaîne de dunes, et serait rentrée dans l'oasis où elle était campée.

Lorsque enfin les midshipmen jugèrent la côte « libre, » ils se mirent sur leurs pieds et commencèrent à s'avancer vers la terre. Bien qu'ils ne se crussent pas observés,

L'ÉTRANGE BÊTE SE MONTRA DE NOUVEAU.

ils procédaient avec une grande prudence, et n'osaient même point parler. On entendait seulement leurs dents claquer les unes contre les autres, comme des castagnettes !

C'est qu'ils étaient glacés jusqu'aux os. La brise froide de la nuit collait leurs vêtements humides sur leurs membres.

Au moment où ils atteignaient la rive, l'étrange bête qui avait menacé d'intercepter leur retraite sur la dune se montra de nouveau. Était-ce la même ou une autre ? Elle paraissait en tout cas déterminée à leur disputer le passage.

Elle allait et venait tout près de l'eau, sa tête hideuse constamment tournée vers eux. La lune étant derrière leur dos, ils pouvaient la voir plus distinctement que sur la dune ; mais cela ne leur donnait pas meilleure opinion de l'animal. Jugeant, d'après l'expérience faite à leur première rencontre, qu'il se sauverait encore à leur approche, ils tirèrent leurs lames et s'avancèrent hardiment vers lui.

Ils ne furent pas déçus. L'hyène partit au galop dès qu'elle les vit s'approcher, s'enfonça dans les détours de la ravine, en poussant les mêmes cris étranges que la première fois.

Supposant qu'ils n'avaient plus rien à craindre, nos aventuriers se consultèrent sur le plan qu'il fallait suivre.

Longer la côte, et se tenir aussi loin que possible des tentes arabes, tel fut leur avis à tous trois. Ils se dirigèrent donc vers le sud, et partirent aussi vite que le leur permettaient leurs jambes tremblantes et leurs vêtements mouillés.

Leur situation n'était point gaie. Une seule pensée consolante se présentait à eux, celle d'avoir échappé à un terrible danger, et encore éprouvèrent-ils combien cette consolation était imaginaire. A peine avaient-ils fait un peu de chemin qu'ils furent contraints de s'arrêter; ils entendaient du bruit du côté de la ravine. C'était un ronflement qui semblait provenir de quelque animal, et ils supposèrent que ce devait être le quadrupède qui avait fait retraite vers la gorge, à leur approche. Ayant regardé dans cette direction, ile comprirent leur erreur. Une énorme créature émergeait des dunes, et à ses formes disgracieuses ils reconnurent un chameau. Cette vue les consterna, car en même temps que l'animal ils aperçurent sur son dos un homme armé d'un long cimeterre, et à la figure menaçante. Il dirigeait sa monture vers eux.

Les midshipmen virent d'un seul coup que tout espoir de continuer leur route était perdu. Fatigués, embarrassés de leurs vêtements mouillés, ils n'auraient pu lutter de vitesse avec un canard boiteux. Se résignant au sort, ils attendirent sans bouger l'approche du cavalier.

XXVIII

UN CHEF RUSÉ.

En apercevant le chameau, les naufragés avaient espéré un instant reconnaître dans le cavalier leur camarade Bill, mais le vieux marin n'avait point eu le bonheur d'échapper à ses bourreaux. L'homme qui montait le mehari, car c'était bien cet animal qui s'avançait vers eux, avait des traits anguleux, et une peau jaune plissée comme un parchemin.

Il paraissait âgé d'au moins soixante ans; son costume et surtout un certain air d'autorité indiquaient un des chefs de la bande. C'était en effet le sheik arabe auquel appartenait le chameau.

Il avait comme les autres parcouru le rivage, mais au lieu de retourner au camp avec ses compagnons, il était resté en arrière dans la ravine; favorisé par l'obscurité qui régnait dans la gorge, son absence n'avait point été remarquée.

Il n'avait point agi ainsi sans but. Moins superstitieux que l'autre sheik, il se disait qu'il devait y avoir quelque explication naturelle à cette disparition des trois naufragés, et qu'il la découvrirait.

En ceci, il n'était point inspiré par la seule curiosité. Ne pouvant se consoler d'avoir perdu Bill au jeu de helga, il désirait une compensation, en capturant les trois fuyards.

Bien qu'il ne fût pas certain de la manière dont ils s'étaient dissimulés, le vieux chef avait cependant deviné la vérité : il ne croyait ni à leur mort ni à rien de surnaturel; mais au lieu de communiquer ses suppositions même à ceux de sa troupe, il avait prudemment gardé le silence. Selon les lois du Sahara, un esclave pris par quelqu'un de la tribu appartient non au chef, mais à l'individu qui le capture.

Confiant en son adresse et en son fusil, il s'était tenu à l'ouverture de la ravine, à un endroit où il découvrait toute la côte. Sa faction fut bientôt récompensée. Il vit les trois individus qu'il guettait émerger du sein des eaux et s'avancer avec méfiance sur le rivage.

A leur vue, il poussa son mehari hors de sa cachette et se dirigea vers eux.

XXIX

UNE SINGULIÈRE RENCONTRE.

En quelques secondes le vieux sheik fut près des midshipmen. Son salut se traduisit par des menaces. Il dirigeait tour à tour vers eux le bout de son long fusil, et les invitait évidemment à le suivre au camp.

Le premier mouvement des naufragés fut d'obéir. Térence et Colin avaient déjà fait un signe d'acquiescement, maître Blount se révolta.

« Pendons-le d'abord! s'écria-t-il. Quoi, obéir à un vieux singe comme lui! Marcher honteusement à sa suite! Jamais pareille chose ne se verra. Si je dois être fait prisonnier, ce ne sera pas sans avoir combattu! »

Térence, honteux de s'être soumis si facilement, passa d'une extrémité à l'autre, et tirant son sabre il cria avec fureur :

« Par saint Patrick! je suis avec vous, Harry! mourons plutôt que de nous rendre. »

Colin, avant de se déclarer, regarda autour de lui et vers l'embouchure de la ravine, pour s'assurer que l'Arabe était bien seul.

« Le diable l'emporte! s'écria-t-il, son examen fait, s'il nous prend, il faut d'abord qu'il se batte pour cela. Arrive, vieux caillou à fusil! tu trouveras de vrais loups de mer bretons, prêts à en recevoir vingt comme toi! »

Les jeunes gens se rangèrent en triangle, de manière à entourer le mehari.

Le sheik, ne s'attendant point à pareille réception, semblait fort irrésolu sur ce qu'il avait à faire. Puis, au comble de la fureur, ne pouvant plus maîtriser son exaspération, il leva son long fusil sur Harry Blount, le premier qui l'avait menacé.

Un nuage de fumée entoura un instant le jeune homme.

« Manqué! dit-il d'une voix calme.

— Dieu soit loué! s'écrièrent Térence et Colin, maintenant nous sommes sûrs de notre homme. Il ne peut recharger. Sus sur lui, ensemble! » Et les trois camarades se précipitèrent sur le mehari.

L'Arabe, malgré son âge, ne paraissait avoir aucune infériorité.

Agile comme un chat tigre, il jeta à terre son fusil devenu inutile puisqu'il ne pouvait le recharger, et commença à brandir autour de lui son sabre qu'il tenait d'une main crispée.

Ainsi armé il avait l'avantage sur ses assaillants; car tandis qu'il pouvait atteindre l'un ou l'autre par un seul mouvement, eux ne pouvaient s'approcher sans craindre de perdre leurs lames, et aussi leurs têtes, et, ainsi tenus à distance; leurs armes courtes n'avaient aucune action.

Le sheik, sur son siége élevé, se trouvait naturellement à l'abri de leurs attaques, tandis que chacun de ses coups pouvait mettre un des jeunes gens hors de combat.

« Tuons le chameau! cria Harry Blount, de cette façon le coquin sera à notre portée, et alors.... »

Mais Térence avait adopté un autre projet, et il était déjà en train de l'exécuter.

Le jeune homme avait été célèbre au collége par sa supériorité au *cheval fondu;* personne ne pouvait sauter comme lui. Il se souvint à propos de son adresse, et guetta l'occasion de s'en servir. Il choisit le moment où la queue du mehari était tournée de son côté, il prit un élan énergique, et se trouva à une assez jolie hauteur en l'air, puis écartant vivement les jambes, il retomba à cheval sur le chameau.

Heureusement pour le sheik, le jeune écuyer saltimbanque avait laissé tomber son arme; sans cela le mehari n'aurait pas porté longtemps double charge.

Les deux adversaires étaient placés de telle façon sur le dos du mehari, qu'on l'aurait cru monté par un seul cavalier. La maigre carcasse de l'Arabe disparaissait complétement entre les bras de Térence, tant ce dernier le tenait serré, et le sabre tout à l'heure si menaçant gisait sur le sable aux pieds des midshipmen.

XXX

LE SHEIK SE DÉBAT.

La lutte continua sur le dos du mehari.

L'Arabe tenait ferme, sachant qu'une fois à terre il serait à la merci des jeunes gens dont il avait pensé avoir si bon marché. Colin brandissait le sabre, prêt à en user contre son propriétaire, et le sheik se serrait fortement contre l'animal, tandis que l'Irlandais s'efforçait de l'en détacher. L'Arabe comprenait que la fuite était sa seule chance de salut. Il lui fallait séparer à tout prix son ennemi de ses deux compagnons.

Il poussa un cri! En l'entendant, le mehari, bien dressé, tourna comme sur un pivot, et partit d'une allure rapide du côté de la ravine où il s'enfonça.

A leur grande consternation, Colin et Harry virent leur compagnon emporté par l'animal sans qu'il leur fût possible de rien faire pour l'arrêter. En vain crièrent-ils à

LA LUTTE CONTINUA SUR LE DOS DU MÉHARI.

Térence de lâcher le sheik et de se laisser tomber à terre. Il semblait que leur avis n'eût pas été entendu.

Le jeune Irlandais avait été tellement occupé à démonter son adversaire, qu'il n'avait pas remarqué le signal. Lorsqu'il vit le danger, il renonça à son projet et s'occupa, non plus de détacher le sheik du dos du mehari, mais de s'en retirer lui-même. Ses efforts eussent été sans doute inutiles, sans une circonstance qui vint à son secours.

La bride de l'animal traînait par terre. L'Arabe, occupé de son ennemi, avait négligé de s'en emparer; le licou s'embarrassa dans le talon fendu du mehari qui, après s'être débattu quelque temps, finit par s'abattre sur le sable. Son chargement fut renversé du coup, et les deux adversaires, abasourdis de leur chute, restèrent un instant privés de leurs sens.

Ils n'étaient point remis, qu'Harry Blount et Colin se précipitaient sur eux. En même temps une troupe d'étranges créatures arrivait aussi et les enveloppait tout en poussant des cris de démons.

Le coup de fusil tiré par le sheik avait été entendu du camp. Les Arabes étaient aussitôt accourus vers la ravine. La résistance devenait donc impossible. Les midshipmen, pris par surprise, se laissèrent lier et emmener aux tentes.

XXXI

LES MIDSHIPMEN SONT DÉSHABILLÉS.

Nos aventuriers approchèrent du douar avec autant de répugnance que Bill une heure auparavant. On les avait déjà dépouillés de leurs vêtements ; il ne leur restait que leurs chemises, encore eussent-ils préféré en être débarrassés, tant elles étaient mouillées. Mais leurs habits ayant été distribués à la troupe, selon la coutume, le sheik avait réclamé ses trois captifs *et leurs chemises* comme appartenant à *leur peau*, et après discussion, on avait fait droit à sa réclamation.

Ce fut dans cet accoutrement que les midshipmen se retrouvèrent en face de Bill, dont l'équipement ne valait pas mieux. Il ne fut point permis à ses jeunes compagnons de s'approcher de lui. Bien qu'appartenant au chef arabe, ils eurent à supporter, comme le vieux marin, la fureur des femmes et des enfants, jusqu'au moment où, craignant pour la détérioration de son butin, leur maître vint les prendre pour les mettre à l'abri sous sa tente ; et ils purent finir la nuit assez tranquillement.

Comme nous l'avons dit, au moment où Bill était arrivé au camp, les deux sheiks, de leur commun accord, se disposaient à lever leurs tentes. Le fils de Japhet se dirigeait vers le nord, vers les marchés du Maroc, et le descendant de Cham allait au sud, à Tombuctoo.

Ces captures inespérées du marin et des trois midshipmen changeaient leurs projets ; ils avaient remis leur départ à un autre jour, et s'étaient retirés dans leurs tentes pour se reposer.

Le douar était silencieux. Les clameurs des femmes et des enfants avaient cessé. On entendait seulement l'aboiement d'un chien, le hennissement d'un cheval, ou le ronflement des meharis.

Les trois midshipmen causaient ensemble ; de temps en temps ils élevaient la voix pour être entendus de Bill, gardé à l'autre extrémité du camp, lorsqu'ils avaient besoin de connaître son avis.

Les Arabes ne comprenaient pas un mot de ce qu'ils se disaient, aussi les laissèrent-ils libres de continuer leur conversation.

« Que vous ont-ils fait, Bill ? demandèrent les jeunes gens.

— Tout ce qu'ils ont pu imaginer pour rendre un vieux loup de mer aussi malheureux que possible ; il n'y a pas une place sur mon pauvre corps qui n'ait été meurtrie. Ma carcasse doit être comme une vieille passoire.

— Il est clair, dit le jeune Écossais, que nous n'avons

que de mauvais traitements à attendre de ces coquins. Je suppose qu'ils vont faire de nous des esclaves?

— Probablement, fit Harry.

— Certainement, dit Bill. Ils ne le cachent pas. Le camp est partagé entre deux chefs, le vieux coquin couleur de hareng fumé, l'autre aussi noir que le diable. C'est mon maître. Ils se sont disputés pour savoir celui qui m'aurait, et ils m'ont joué. Mère des juifs! qui aurait cru qu'un vieux marin breton pouvait être l'esclave d'un pareil noiraud!

— Où pensez-vous qu'ils nous emmènent, Bill?

— Dieu seul le sait. Ce que je puis assurer, c'est que nous sommes tous destinés à être embarqués.

— Quoi! serions-nous séparés?

— Par mon sang, maître Colin, je le crains beaucoup.

— Qu'est-ce qui vous fait supposer ça?

— Ce que j'ai entendu et vu. Je crois qu'ils veulent prendre deux chemins différents. Je ne comprenais pas grand'chose à ce qu'ils disaient, mais je les entendais toujours parler de Tombuctoo et de Sock-Atoo, deux grandes villes nègres, et je m'imagine que mon maître va naviguer vers l'un ou l'autre de ces ports.

— Mais pourquoi pensez-vous que nous devons être emmenés ailleurs?

— Parce que vous appartenez au vieux sheik, qui est certainement un Arabe; il doit se diriger vers le Nord.

— C'est assez vraisemblable, dit Colin.

— Voyez-vous, maître Colin, ce sont deux requins de terre qui nous ont attrapés, et nous sommes sûrs qu'ils nous vendront à ceux qui voudront nous acheter.

— J'espère, dit Térence, que vous vous trompez. La captivité serait trop dure à supporter seul. Ensemble nous pouvons adoucir notre sort. J'espère que nous ne serons pas séparés ! »

La conversation finit sur ce souhait, et malgré la tristesse de leur situation, ils ne tardèrent pas à s'abandonner au sommeil.

XXXII

LE DOUAR AU POINT DU JOUR.

Ils auraient pu dormir pendant vingt-quatre heures, si on le leur eût permis; mais dès que les premiers rayons du jour se montrèrent à l'horizon, le douar fut sur pied. Les femmes et les enfants des deux hordes filaient comme des ombres au milieu des tentes : les premières occupées à traire des chameaux; les seconds, agenouillés devant les chèvres, recueillaient le lait qui forme leur principale nourriture; d'autres renfermaient le précieux liquide dans des outres.

Les matrones de la tribu (elles ressemblaient à des sorcières), préparaient le *déjeuner*, consistant en *saugleh*, espèce de bouillie faite avec du millet cuit sur un feu lent de fiente de chameau.

Le *saugleh* devait être mangé par ceux qui pouvaient fournir du lait, soit de chameau, soit de chèvre, lait que l'on employait sans être passé, rempli la plupart du temps de poils, et aigri en sortant de son puant réceptacle.

Ici et là on voyait des hommes traire leurs chameaux, ou approcher sans plus de cérémonie leurs lèvres des pis de l'animal, tandis que d'autres s'occupaient d'abattre les tentes pour les transporter dans quelque oasis nouvelle.

Les trois midshipmen regardaient ce spectacle, toujours vêtus de leurs seules chemises. Le marin n'était pas mieux partagé; ses jambes nerveuses grelottaient dans une culotte de coton, ni très-propre, ni très-solide.

Tous les quatre tremblaient de froid, car, si chaud que soit le Sahara, la nuit et le matin la température devient quelquefois piquante au point de geler.

Cet état de malaise n'empêchait pas les jeunes gens de regarder ce qui se passait autour d'eux, et d'échanger de temps en temps leurs observations à voix basse. Le jeune Écossais avait lu beaucoup de livres relatifs aux *prairies* de l'Amérique et à leurs habitants. Ce qu'il voyait maintenant lui rappelait ces coutumes. C'était la même oppression des femmes; c'est à elles que revenaient la tâche de porter les fardeaux les plus lourds et le soin des travaux domestiques les plus pénibles, aidées seulement par les misérables esclaves qui avaient le malheur de se trouver au pouvoir de leurs maîtres communs. Les hommes, appuyés sur leurs selles, ou nonchalamment couchés sur des peaux de bêtes, fumaient tranquillement dans le prélassement orgueilleux de leur supériorité sur tout ce qui les entourait.

Mais Colin n'eut pas le loisir de philosopher longtemps.

Il fut rudement arraché à ses pensées ainsi que ses deux compagnons; on leur ordonna d'aider leurs maîtres dans les préparatifs du départ.

Au point du jour, Bill avait été réveillé aussi par un coup de pied de son propriétaire qui le fit vaciller quelque temps sur *ses couples de derrière*.

Si le sheik noir avait compris l'anglais, il aurait entendu son esclave « envoyer le vieux noiraud à tous les diables! »

XXXIII

UN DROMADAIRE OBSTINÉ.

Le repas du matin fut aussitôt mangé que préparé. Sa parcimonie surprit nos aventuriers. Les individus les plus importants de la horde n'eurent en partage qu'une petite portion de lait et de *saugleh*. Les deux chefs seuls prirent un semblant de déjeuner. La classe la plus commune, les *hassanes* et les esclaves noirs, durent se contenter de moins d'une pinte de lait aigre pour chacun, mêlée de la moitié d'eau, mélange appelé *cheni*.

Ce repas devait-il compter pour un déjeuner? Harry Blount et Térence ne pouvaient le croire. Colin leur ôta leur illusion. Il avait ouï parler de l'étonnante sobriété des fils du désert, comment un homme se nourrit tout un jour avec ce qui ne suffirait pas dans nos contrées à un enfant de six ans; comment ils peuvent rester plusieurs jours sans manger, et se contenter de lait à tous leurs repas. Colin avait raison; ce fut toute la nourriture qui fut distribuée jusqu'au coucher du soleil.

Mais où était le déjeuner de Colin et de ses compagnons? Cette question les intéressait vivement. Ils étaient affamés comme des hyènes, et on ne semblait point songer à eux. Si dégoûtant que fût le mélange préparé par les femmes, les midshipmen se demandaient avec des yeux pleins de convoitise s'ils n'en auraient point leur part. Ils finirent par exprimer leur désir par des signes, mais leurs piteux appels n'excitèrent que les rires des Arabes. En revanche il parut évident que, si leurs estomacs etaient condamnés au chômage, leurs bras et leurs jambes ne devaient point rester inactifs. Ils furent chargés bientôt de lourds fardeaux, avec des menaces qui leur firent comprendre que toute résistance serait inutile. C'en était fait, ils étaient esclaves.

Tout en pliant les tentes, ils furent témoins de plusieurs coutumes curieuses. Le singulier équipement des animaux, les paniers de forme ovale, placés sur les chameaux pour porter les femmes et les enfants; les plus petits, attachés par des courroies sur le dos de leurs mères; les dromadaires s'agenouillant pour recevoir leurs charges : toutes ces choses eussent vivement intéressé les midshipmen, vues en d'autres circonstances.

Un incident vint leur montrer l'habileté de leurs maîtres pour conduire leurs animaux domestiques.

Un chameau récalcitrant, qui, selon la coutume, s'était agenouillé afin de recevoir son fardeau, après qu'il eut été attaché, refusa de se relever. L'animal jugeait-il la charge trop lourde? car le dromadaire arabe a, comme le lama péruvien, le sens de la justice très-développé, ou un caprice était-il entré dans sa tête de mulet? Pour une raison ou pour une autre, il montrait la résolution bien arrêtée de résister à son propriétaire, et de rester agenouillé.

Les cajoleries et les menaces furent employées tour à tour par le maître, puis vinrent les coups et les mauvais traitements; rien ne faisait. La bête obstinée semblait insensible.

L'Arabe, exaspéré de cette résistance, saisit un vieux burnous et le jeta sur la tête du chameau, puis l'attachant très-serré autour des naseaux, il l'arrangea de manière à les comprimer complétement.

Le chameau ayant ainsi la respiration arrêtée, parut terrifié et se leva immédiatement sur ses pieds, au grand amusement des femmes et des enfants.

XXXIV

LES CHAMEAUX RÉSERVOIRS.

En un très-court espace de temps les tentes furent pliées, et le douar, ainsi que tout ce qu'il contenait, se balança bientôt sur le dos des bêtes de somme.

On avait déjà puisé à l'étang, mais la provision d'eau contenue dans les outres pouvait n'être pas suffisante aux besoins du voyage, il fallait encore *emplir* les chameaux. Cette dernière opération semblait être regardée comme la plus importante; toutes les précautions furent prises pour assurer aux animaux une quantité suffisante du précieux liquide. Peut-être un pressentiment avertissait-il les hommes qu'eux-mêmes, quelque jour, pourraient y avoir recours.

L'étang, le seul que l'on pût trouver dans un parcours de cinquante milles, était presque tari : de longues séries de sécheresse avaient régné sur cette partie du dé-

CHAQUE ARABE AMENA SON CHAMEAU.

sert, et il était devenu une simple citerne. Le séjour des deux tribus associées l'avait encore diminué; un jour ou deux de plus, et elles auraient été menacées de souffrir de la soif. Quelques vingtaines de gallons restaient au moment du départ, c'était tout juste ce qu'il fallait pour remplir les animaux.

Chaque Arabe amena donc à son tour son chameau au bord de l'étang, mais au lieu de lui permettre de boire, il lui renversa la tête en arrière, lui introduisit dans les narines un entonnoir de bois, et par ce moyen l'eau fut versée dans son estomac.

La raison de ce procédé est d'empêcher le chameau, qui a l'habitude de remuer la tête en buvant, de répandre inutilement une goutte du précieux liquide.

XXXV

UNE QUERELLE ENTRE LES SHEIKS.

Les chameaux ayant bu, jusqu'à ce qu'ils fussent pleins, c'est-à-dire jusqu'à ce que l'eau leur sortît par les narines, on se prépara au départ.

Nos aventuriers remarquèrent alors la différence qui existait entre les deux bandes aux mains desquelles ils étaient malheureusement tombés. Comme il a été dit déjà, le chef noir représentait le vrai type africain, et la plupart de ses subordonnés appartenaient à la même race; quelques-uns seulement devaient être Caucasiens, et encore était-ce, selon toute apparence, des esclaves.

La troupe de l'autre sheik se composait d'Arabes comme lui, à quelques exceptions près.

Tous les préparatifs étant terminés, les deux hordes n'avaient donc plus qu'à échanger le salut des adieux : « La paix soit avec vous! » mais cet adieu ne se faisait pas encore entendre. On eût dit que les sheiks avaient de la peine à se séparer et que leurs sentiments réciproques n'étaient pas des plus cordiaux.

En effet, si on eût pu lire dans leurs cœurs, voici ce qu'on y aurait vu :

« Ce coquin de noiraud ! (c'est l'Arabe qui parle) que le père diable le brûle ! Il convoite mon butin. Il voudrait ces garçons, je le sais ; le sultan de Tombuctoo lui a demandé des esclaves blancs. Mon lot conviendrait parfaitement. Je suis sûr qu'il ne se soucie pas beaucoup du vieux marin qu'il m'a enlevé au jeu de helga. Sa Majesté de la ville aux murs de boue n'en fera pas grand cas, c'est vrai. Ce sont de jeunes garçons qu'il lui faut pour le servir et figurer dans les cérémonies. Eh bien ! je pourrais lui vendre ceux-ci, mais à un bon prix. Oui, très-cher, continua l'Arabe, car les vêtements que nous leur avons enlevés indiquent des jeunes gens riches. Ils avaient des bandes dorées sur leurs jaquettes. Ce sont sans doute des fils de chefs. Al Wedmore, le vieux juif, les achèterait, ainsi que les marchands de Suse, ou peut-être ferai-je mieux de les emmener à Mogador ; le consul de leur pays payera certainement de belles rançons pour eux.... Oui, voilà ce qu'il faut faire !

— Le sultan donnerait soixante de ses meilleurs noirs pour ces trois blancs, disait le mari de Fatima à cette mégère.

— Et alors, répondait celle-ci, pourquoi ne pas s'emparer d'eux et les lui amener ?

— Ah ! c'est aisé à dire, mais difficile à faire ! Ils appartiennent au vieil Arabe ; du moins il les réclame, sans y avoir trop de droit cependant, car si je n'étais pas arrivé à propos, c'est eux qui l'auraient pris au contraire. Enfin, ils lui appartiennent par les lois du Sahara.

— Au diable les lois du Sahara! s'écria Fatima en hochant la tête avec dédain, ce sont des sottises. Il n'y a pas de lois dans le Sahara, et d'ailleurs nous n'y reviendrons jamais. Le prix que tu gagnerais avec ces trois enfants nous mettrait dans l'aisance pour le reste de notre vie. Prends-les de force à la vieille face jaune, s'il n'y a pas moyen autrement; mais tu peux les gagner encore au helga. Tu sais que tu le battras, et s'il refuse, propose-lui de jouer deux noirs contre un blanc. »

Ainsi conseillé par l'amie de son cœur, le sheik, au lieu de souhaiter le *saleik aloum* à l'Arabe, éleva la voix et lui demanda une entrevue pour affaire d'importance.

XXXVI

LES TROIS MIDSHIPMEN SERVENT D'ENJEU.

La conversation des deux sheiks fut, comme on le pense, inintelligible pour les midshipmen; mais les regards que l'Arabe et le nègre jetaient sur eux, leurs gestes animés, leur firent naturellement comprendre qu'ils étaient le sujet de la discussion.

Il n'y avait pas à choisir entre les deux maîtres. Ils paraissaient aussi sauvages, aussi cruels l'un que l'autre. Tout ce que les naufragés pouvaient espérer d'un nouveau partage, était d'être réunis à Bill; il est vrai qu'ils avaient aussi à craindre d'être séparés tous trois; or ils étaient camarades, même avant leur entrée dans la marine, et la pensée d'une séparation leur ôtait tout courage. Ils attendaient donc avec anxiété le résultat de la conversation.

Au bout d'une demi-heure, il leur sembla qu'une décision venait d'être prise. L'Arabe se dirigea vers l'endroit où les esclaves du chef noir étaient rassemblés, et, après les avoir examinés soigneusement, il choisit trois des plus forts, des plus gras, des plus jeunes nègres de la troupe, et les fit ranger à part.

« Nous allons être échangés, murmura Térence. Nous appartiendrons au nègre, et nous serons sans doute avec Bill.

— Attendez un peu, dit Colin. Tout n'est pas encore terminé, je pense. »

A ce moment le sheik noir s'avança vers les trois captifs et interrompit leur conversation.

Que voulait-il? les prendre avec lui, sans doute, comme avait fait l'Arabe pour les trois nègres.

A leur grand chagrin, O'Connor seul fut emmené par l'Africain, et quant à eux, il leur fut ordonné avec des gestes menaçants de rester où ils étaient. Les conditions de l'échange étaient donc trois noirs contre un blanc.

Térence avait été conduit par son nouveau maître à côté des trois noirs; ceux-ci, bien loin de prendre ce qui se passait aussi sérieusement que le jeune Irlandais, ouvraient leurs grandes mâchoires à les rompre et excitaient leurs dents blanches avec des rires immodérés.

Mais l'affaire ne se terminait pas là. Le vieux Bill, d'après ce qu'il avait vu déjà, et les préparatifs qui avaient lieu, cria à ses jeunes camarades :

« Nous allons servir d'enjeu, maître Terry, vivat! vous viendrez avec moi, car la peau noire battra la peau jaune, c'est sûr! »

Les trous dans lesquels le helga avait été joué la soirée précédente furent reformés et l'on commença.

La prédiction de Bill se trouva juste. Le sheik noir gagna Térence O'Connor.

L'Arabe paraissait vivement contrarié, et on voyait à ses mouvements inquiets qu'il ne s'en tiendrait pas là.

Deux blancs lui restaient encore, avec eux il pouvait prendre sa revanche; — c'est ce qu'il fit, mais sans plus de succès.

Les trois midshipmen allèrent rejoindre Bill près du chef noir, et vingt minutes ne s'étaient pas écoulées que tous quatre étaient en marche à travers le désert pour Tombuctoo!

XXXVII

GOLAH.

Dans leur voyage à travers le désert, nos quatre aventuriers faisaient partie d'une compagnie de seize personnes, et de six ou sept enfants.

Tous étaient la propriété du sheik noir.

Les captifs surent bientôt qu'il s'appelait Golah — nom qui venait sans doute par corruption de Goliath.

Golah était certainement un homme intelligent, fait pour commander; il avait trois femmes, qui toutes possédaient une facilité d'élocution remarquable; mais un mot, un regard, un geste de lui, suffisait pour les arrêter. La favorite Fatima ne devait son influence qu'à l'habileté qu'elle déployait à deviner les désirs du maître, et à plier tous les siens à sa volonté.

Golah possédait sept chameaux, dont quatre servaient à le porter avec ses femmes, ses enfants, ses tentes et ses bagages.

Les trois autres dromadaires étaient chargés du butin recueilli après le naufrage.

Douze des adultes de la troupe étaient forcés de marcher et de suivre le pas allongé des chameaux comme ils pouvaient.

L'un deux était le fils de Golah, jeune homme d'environ dix-huit ans. Il était armé d'un long mousquet maure, d'un lourd sabre espagnol, et du poignard pris à Colin.

Sa principale occupation paraissait être de garder les esclaves, avec l'assistance d'un autre jeune garçon, frère, comme les midshipmen l'apprirent plus tard, d'une des femmes de Golah.

Ce dernier était armé d'un mousquet et d'un cimeterre, et lui et le fils de Golah semblaient penser que leurs vies dépendaient de la plus ou moins bonne garde qu'ils sauraient faire des esclaves, car il y en avait encore six autres, outre Bill et ses compagnons; tous en route pour quelque marché du Sud.

Deux de ces six esclaves furent jugés par Bill devoir être des kroomen — ou Africains. Il en avait vu souvent employés comme marins sur les vaisseaux venant de la côte d'Afrique.

Les autres étaient beaucoup moins bruns de peau; le vieux marin les appelait « des Portugais noirs. » Tous semblaient être depuis quelque temps en esclavage.

Les captifs blancs ressentaient une violente indignation. A ce sentiment se joignaient les souffrances de la faim, de la soif, de la fatigue qu'ils éprouvaient à se traîner dans le sable brûlant de la plaine, et sous le soleil ardent qui dardait sur leurs têtes.

« J'en ai assez, dit Harry Blount à ses compagnons. Nous pouvons endurer cela quelques jours de plus, mais je n'ai pas la curiosité de savoir au juste combien de temps.

— Continuez! vous pensez et vous parlez pour moi, Harry, dit Térence.

— Nous sommes quatre, dit Harry, quatre de cette nation qui se vante de n'être jamais esclave; en outre nous avons six compagnons de captivité — et ils peuvent après tout compter pour quelque chose dans une mêlée; — serons-nous les serviteurs soumis de trois hommes noirs comme ceux-ci?

— C'est juste ce que je pensais, dit Térence. Si nous ne tuons pas le vieux Golah et ne nous sauvons pas avec ses chameaux, nous méritons de finir nos jours en esclavage.

— Bien dit. Quand commençons-nous? cria Harry. J'attends.

— Il y a sept chameaux. Prenons-en chacun un. Mais avant de partir nous mangerons et *boirons* les trois autres. Je suis affamé et je meurs de soif.

— Tracez le plan, et je l'adopte les yeux fermés, dit Térence, je suis prêt.

— Arrêtez, maître Térence, interrompit le vieux marin, vous ne savez ce que vous dites; maître Colin est le seul qui ait gardé son bon sens. Je suppose avec vous que le chef soit mort, ainsi que ses fils, que ferons-nous ensuite? Nous n'avons ni carte ni compas; nous ne pourrons jamais trouver notre chemin; ne voyez-vous pas qu'un voyage dans ce désert ressemble à un voyage sur mer sans boussole? Le grand noiraud, notre capitaine, peut naviguer dans ces parages en sûreté — nous ne le pouvons pas. Il faut nous laisser conduire par lui à quelque port où nous essayerons de lui échapper.

— Vous avez parfaitement raison, reprit Colin, en pensant que nous serions incapables de trouver notre route, mais nous devons calculer toutes nos chances de salut. Après avoir gagné un port, comme vous dites, peut-être nous trouverons-nous dans une position encore plus difficile, car nous aurons affaire à une plus grande quantité de ces brutes.

— C'est très-probable, repartit le marin, mais nous pouvons espérer les vaincre après tout, tandis qu'ici, la nature doit l'emporter sur nous.

— Bill a raison, » dit Térence.

Pendant cette conversation, les naufragés remarquèrent qu'un des kroomen se tenait près d'eux et semblait les écouter. Ses yeux brillants trahissaient le plus vif intérêt.

« Est-ce que vous nous comprenez? lui demanda Bill sévèrement en se tournant vers lui.

— Oui, sar, un peu, répondit l'Africain, sans paraître voir la colère du marin.

— Et pourquoi écoutiez-vous?

— Pour entendre ce que vous disiez, je voudrais fuir avec vous. »

Bill et ses compagnons entendirent, non sans quelque difficulté, le langage du krooman. Il avait servi sur des navires de leur nation et appris là un peu d'anglais. Il était en captivité depuis quatre ans, à la suite d'un naufrage.

Il rassura nos aventuriers en leur disant que Golah n'ayant point le moyen d'entretenir des esclaves, ils seraient probablement bientôt vendus à quelque consul anglais de la côte.

Le krooman ajouta que lui n'avait pas les mêmes espérances, son pays ne rachetant pas les sujets tombés en esclavage. Quand il vit que Golah avait des prisonniers anglais, il s'était réjoui de l'espoir qu'il pourrait être racheté avec eux, ayant à cela quelque droit, puisqu'il avait servi leur nation.

Pendant la route, les esclaves noirs, sachant bien ce qu'on attendait d'eux, avaient ramassé des morceaux de fiente de chameau secs; c'est ce qui devait servir de combustible pour le douar pendant la nuit.

Aussitôt le coucher du soleil, Golah ordonna une halte, les chameaux furent déchargés, et les tentes dressées. A peu près le quart de la quantité de saugleh qu'il eût fallu à chacun fut distribué aux esclaves pour leur dîner, et, comme ils n'avaient rien mangé depuis le matin, cette nourriture leur parut délicieuse.

Après avoir examiné sa propriété, et paru satisfait des conditions dans lesquelles elle se trouvait, Golah se retira sous sa tente, dont on entendit, au bout de quelques minutes, sortir des sons qui ressemblaient aux grondements du tonnerre.

Les deux jeunes gens, son fils et son beau-frère, se relevèrent tour à tour pendant la nuit pour veiller.

Mais leur faction était inutile : harassés, épuisés, mourants de faim et de fatigue, les captifs blancs ne songeaient qu'au repos qu'il leur était enfin permis de prendre.

XXXVIII

UNE JOURNÉE D'AGONIE.

Au point du jour, le lendemain matin, on donna aux esclaves un peu de *cheni* à boire, et on se mit en route. Le soleil, en s'élevant dans un ciel sans nuage, dardait des rayons encore plus chauds que le jour précédent; pas un souffle d'air ne passait sur la plaine stérile. L'atmosphère était aussi chaude et aussi immobile que le sable sous leurs pieds. Ils ne sentaient plus la faim; la soif impérieuse, brûlante, éteignait toute autre sensation.

La sueur coulait par ruisseaux de leurs corps, tandis qu'ils se traînaient sur le sable; et malgré cette humidité sortant de tous leurs pores, leurs gosiers et leurs langues étaient si desséchés que leurs tentatives pour parler n'arrivaient qu'à produire des sons incohérents et rauques. Golah et sa famille, montés sur les chameaux, allaient en avant. Le sheik ne paraissait pas s'inquiéter de savoir s'il était suivi ou non par les autres. Ses deux parents formaient l'arrière du *kafila*, et tout esclave faisant mine de s'attarder recevait des avertissements tels qu'il ne se les faisait point répéter deux fois.

« Dites-leur qu'il faut que je boive ou que je meure, murmura Harry au krooman d'une voix étranglée. Je vaux de l'argent, et si Golah me laisse mourir, faute d'une goutte d'eau, c'est un fou. »

Le krooman refusa de faire la communication au chef.
— Elle ne devait servir, déclara-t-il, qu'à lui attirer de mauvais traitements.

Colin en appela au fils de Golah et lui fit comprendre par signe ce qu'il demandait. Le jeune noir, pour toute réponse, lui rendit une grimace moqueuse. Il n'avait aucune sympathie pour une douleur qu'il n'éprouvait pas.

Le cuir des noirs, frotté d'huile, semblait repousser les rayons brûlants du soleil; l'habitude leur avait donné la force de souffrir de la faim et de la soif jusqu'à un degré étonnant; ils ressemblaient plutôt à d'énormes reptiles qu'à des êtres humains.

Le sable, sur la route suivie le second jour, était moins épais qu'auparavant, et rien que l'effort de lever les jambes amenait une fatigue comparable à celle des plus durs travaux. Les malheureux naufragés roulaient des pensées de mort, ce remède suprême aux misères humaines. Cependant, ce n'était qu'en suivant leur chef qu'ils pouvaient espérer quelque allégement à leurs souffrances. Avec Golah ils avaient l'espoir d'une portion de saugleh et de quelques gouttes d'eau.

L'une des femmes du sheik avait trois enfants, et,

comme chaque mère était obligée de veiller sur sa progéniture, elle ne pouvait faire le voyage sans un peu plus de fatigue que ses compagnes. Il lui fallait une grande vigilance pour empêcher ses trois bambins indociles, balancés sur le dos du mehari, de tomber. Cette manière de voyager n'était point de son goût, et elle avait déjà témoigné par quelques insinuations son désir d'être soulagée.

Son but était de faire porter l'aîné de ses enfants, âgé de quatre ans, par l'un des esclaves.

Colin fut la victime choisie par elle. Tous les efforts du jeune Écossais pour se décharger de la responsabilité dont il se voyait menacé furent vains. La femme était résolue, et Colin devait obéir, bien qu'il résistât jusqu'à ce qu'elle eût menacé d'appeler Golah. L'argument parut concluant au midshipman, et le jeune singe fut placé sur ses épaules, les jambes autour de son cou et ses mains le tenant fortement par les cheveux.

Lorsque cet arrangement s'était fait, la nuit commençait à venir, et les deux noirs qui servaient de gardiens allèrent en avant afin de choisir un endroit pour dresser les tentes.

Il n'y avait point à craindre qu'aucun des esclaves essayât de s'échapper; ils étaient tous trop désireux de recevoir la petite quantité de nourriture que leur promettait la halte du soir.

Embarrassé par le gamin et harassé de fatigue, Colin était resté en arrière. La mère de l'enfant, apparemment attentive au bien-être de son premier-né, ralentit le pas de son mehari et le dirigea vers le jeune Écossais.

Après que les chameaux eurent été déchargés, et les

tentes dressées, Golah surveilla la distribution du souper. Les parts étaient encore plus petites; mais elles furent dévorées par les captifs avec un plaisir plus grand que la veille.

Bill déclara que le court moment où il avait dévoré les quelques bouchées de saugleh le payait de toutes les souffrances de la journée.

« Ah! maître Harry, dit-il, c'est seulement maintenant que nous apprenons à vivre, bien que j'aie souvent pensé aujourd'hui que nous apprenions à mourir. Comme tout paraît bon quand on est affamé!

— C'est la plus délicieuse des nourritures, ce saugleh, dit Térence; son seul défaut, c'est qu'il n'y en a pas assez.

— Alors, vous pouvez prendre ce qui me reste, dit Colin, car je ne suis pas de votre avis. »

Harry, Térence et le marin regardèrent le jeune Écossais avec une expression d'alarme et de surprise : Colin n'avait pas mangé la moitié de sa portion.

« Qu'avez-vous, Colin? s'écria Bill d'un ton inquiet et amical; si vous ne vous nourrissez pas, mon ami, vous mourrez. Êtes-vous malade?

— Je me porte très-bien, répondit celui-ci, j'ai mangé ce qu'il me faut, vous pouvez prendre le reste. »

Les midshipmen, cependant, refusèrent de finir la part de Colin, espérant que l'appétit lui reviendrait et qu'il la retrouverait avec plaisir. Ils étaient sérieusement inquiets de lui voir refuser une nourriture dont ils ressentaient encore tout le besoin, malgré l'à-compte qu'ils avaient pris.

LA MÈRE, INQUIÈTE, ARRÊTA SON CHAMEAU.

XXXIX

COLIN A DU BONHEUR.

Le lendemain matin, quand la caravane se mit en route, le jeune noir fut encore confié à Colin; du reste, il n'avait pas toujours à le porter, le petit bonhomme trottait souvent à côté de lui.

Durant la première partie du jour, l'Écossais et sa charge se maintinrent assez bien au pas du reste de la troupe, ils étaient même quelquefois en avance; les attentions du midshipman pour l'enfant furent remarquées par Golah, dont la figure montra un peu de sentiment humain par une grimace qui voulait être un sourire.

Vers le milieu du jour, Colin parut fatigué de sa journée, et commença à rester à l'arrière comme la veille. La mère, inquiète, arrêta son chameau et attendit jusqu'à ce que l'Écossais et l'enfant l'eussent rejointe.

Bill avait été très-surpris de la conduite de Colin, la

soirée précédente, surtout de la patience avec laquelle il s'était soumis à veiller sur l'enfant. Il y avait là un mystère qu'il ne pouvait comprendre, et qui avait aussi intrigué Harry et Térence, malgré leurs préoccupations personnelles.

Un peu après midi, la femme amena Colin au *kafila*, le faisant marcher devant elle en poussant des cris aigus, et en lui administrant des coups avec le bout natté de la corde dont elle se servait pour faire marcher son chameau.

Au bout de quelque temps, Golah, ennuyé du bruit et des accents aigres de sa voix, lui ordonna de se taire et de laisser l'esclave continuer sa route en paix.

Bien qu'incapable de comprendre la signification des paroles de la femme, Colin devait certainement imaginer que ce n'étaient point précisément des tendresses qu'elle débitait sur ce ton. D'ailleurs, les coups de fouet devaient le lui prouver, s'il en eût douté; cependant il recevait injures et mauvais traitements avec une résignation philosophique qui surprenait ses compagnons.

Quand ses pensées n'étaient pas trop absorbées par les tiraillements de son estomac, Harry essayait de causer avec le krooman déjà mentionné; dans un de ces moments, il lui demanda l'explication des injures vociférées par la négresse au sujet de l'Écossais.

Cet homme dit qu'elle l'avait appelé porc, paresseux, chien de chrétien et infidèle, et qu'elle menaçait de le tuer, à moins qu'il ne marchât avec le *kafila*.

Le troisième jour de leur voyage, la chaleur était moins grande et, conséquemment, les esclaves eurent moins à souffrir.

« Mes amis, dit Térence, je n'oublierai jamais, après mon expérience de la dernière nuit, que plus le désir de boire est grand, plus grande est la jouissance à satisfaire ce besoin ; et l'anticipation d'une telle joie fera beaucoup à l'avenir pour m'aider à supporter la souffrance.

— Il y a quelque chose de vrai dans ceci, pour sûr, dit le marin, je ne puis m'empêcher de penser combien notre souper nous parut bon hier, et je ne désire qu'une chose, c'est qu'il nous semble aussi délicieux ce soir.

— Nous avons appris du nouveau, dit Térence, moi du moins, et je saurai comment vivre désormais. Jusqu'à présent j'ai été comme un enfant, mangeant et buvant, la moitié du temps, non parce que j'en sentais le besoin, mais parce que je n'avais rien de mieux à faire. Voilà Colin qui me semble apprécier le mode arabe. Peut-être n'attend-il un meilleur appétit que pour avoir plus de plaisir à savourer son souper ? »

Les regards des trois compagnons se tournèrent en même temps vers le jeune midshipman. Il était de nouveau resté en arrière, et la mère de l'enfant l'attendait encore.

Harry et Térence continuèrent leur marche, croyant voir leur camarade aussi maltraité que la veille par la négresse. Bill s'arrêta comme s'il s'intéressait à la scène qui menaçait son ami. Les choses se passèrent, en effet, de la même façon que le jour précédent.

« Je ne m'étonne plus, dit Bill en rejoignant les deux midshipmen, pourquoi Colin prend tant d'intérêt au petit singe.

— Qu'est-ce qu'il y a, Bill ? qu'avez-vous appris ? demandèrent Harry et Térence.

— Pourquoi Colin n'a pas mangé hier soir.

— Eh bien, dites.

— La fureur de la négresse contre lui est une feinte.

— Erreur, Bill, c'est une imagination à vous, dit Colin qui, avec l'enfant sur le dos, marchait maintenant à côté de ses compagnons.

— Non, non, je ne me trompe pas, la femme vous favorise, maître Colly. Et qu'est-ce qu'elle vous donne à manger? »

Voyant qu'il était inutile de cacher sa bonne chance plus longtemps, Colin avoua que la négresse, dès qu'elle pouvait le faire sans être vue, lui donnait des figues sèches et du lait contenu dans une bouteille de cuir qu'elle portait sous son manteau.

Malgré l'opinion qu'ils venaient d'exprimer sur le plaisir de prendre un repas longtemps attendu, les compagnons de Colin le félicitèrent de son heureux sort, et se déclarèrent prêts à se charger du noiraud, à la condition de recevoir une pareille récompense.

Ils ne se doutaient pas à ce moment qu'ils changeraient bientôt d'avis, et que le bonheur supposé de Colin serait, avant peu, une source de malheurs pour eux tous.

XL

L'EXPÉRIENCE DU MARIN BILL.

L'après-midi de ce jour fut très-chaud, et Golah donna à son chameau une allure telle qu'il fut très-difficile aux esclaves de le suivre.

Quant à Bill, il pensa ne pouvoir aller plus loin ; s'il n'était point tout à fait à bout de forces, il l'était du moins de patience.

Il s'assit par terre et déclara qu'il ne marcherait pas davantage. Un déluge de coups s'abattit sur lui sans le faire changer de résolution. Les deux jeunes gens, parents de Golah, ne sachant plus quels moyens employer, en appelèrent au sheik.

Celui-ci tourna immédiatement son mehari vers l'esclave récalcitrant.

Avant qu'il eût atteint la place où gisait Bill, les trois midshipmen usèrent de toute leur influence sur leur camarade pour lui persuader de se lever avant l'arrivée du tyran.

« Pour l'amour de Dieu ! s'écria Harry, si cela vous est possible, marchez encore.

— Essayez au moins, dit Térence, nous vous aiderons ; venez, Bill, faites cet effort par amitié pour nous, Golah arrive. »

Tout en parlant, Térence et Harry, assistés de Colin, s'emparèrent de Bill et essayèrent de le mettre sur ses pieds, mais le vieux marin persista obstinément à rester où il était.

« Peut-être pourrais-je marcher encore un peu, dit-il, mais je ne veux pas. J'en ai assez. Je veux monter le chameau et que Golah marche un peu à son tour. Il en est plus capable que moi. Maintenant, garçons, ne soyez pas assez fous pour vous tourmenter à mon sujet. Tout ce que vous avez à faire est de me regarder ; vous allez apprendre quelque chose. Si je n'ai pas jeunesse et beauté comme Colin pour me porter bonheur, j'ai l'âge et l'expérience, et mon adresse m'en tiendra lieu. »

En atteignant la place où le marin était assis, Golah fut informé de ce qui se passait, et que le remède habituel avait manqué son effet.

Il ne parut point mécontent de cette communication, son visage exprima même une certaine satisfaction. Il commanda tranquillement à l'esclave de se lever et de continuer son voyage.

Le marin, harassé de fatigue, mourant de faim et de soif, était arrivé au comble du désespoir. Il dit au krooman d'informer le sheik qu'il voulait bien continuer sa route, mais sur un des chameaux.

« Tu veux que je te tue, alors ? cria Golah quand cette communication lui eut été faite. Tu veux me voler de ce que j'ai donné pour t'acheter, cela ne sera pas ; moi Golah, je l'ai dit. »

Bill répéta en jurant qu'il ne bougerait point et qu'on ne le forcerait pas à aller plus loin autrement que sur un chameau.

Cette réponse rapportée par le krooman au sheik sembla l'embarrasser.

Il réfléchit un instant sur ce qu'il avait à faire, et bientôt un sourire hideux détendit ses traits.

Prenant la bride de son chameau, il l'attacha par un bout à sa selle, et noua l'autre autour des poignets du marin. Bill voulut en vain résister ; il était comme un enfant sous l'étreinte puissante du sheik noir.

Le fils et le beau-frère de Golah se tenaient à ses côtés, leurs fusils tout armés, et prêts à faire feu au premier mouvement des compagnons du marin. Lorsque celui-ci eut été lié, le chef ordonna à son fils de conduire le chameau en avant, et Bill fut traîné à la suite de l'animal sur le sable.

« Vous allez en avant maintenant ! s'écria Golah dans l'exaltation du triomphe, et voilà une nouvelle manière d'être porté. *Bismillah !* je suis votre maître ! »

Voyager de cette façon était une trop grande torture pour qu'il fût possible de l'endurer longtemps ; Bill se décida à se lever sur ses pieds et à marcher. Il était vaincu ; mais, pour punition de sa rébellion, le sheik le tint attaché derrière la queue du chameau le reste de la journée.

Aucun des esclaves blancs n'aurait jamais cru qu'il leur fût possible de se soumettre à de pareils traitements, ou de laisser un camarade endurer une telle humiliation.

Pas un d'eux ne manquait de vrai courage, cependant; mais leur fierté cédait devant des puissances supérieures, celles de la faim et de la soif. Golah avait compté sur elles pour soumettre ses esclaves, et c'est ainsi qu'il triomphait de ceux qui, en d'autres circonstances, eussent disputé leur liberté jusqu'à la dernière extrémité.

XLI

UNE RÉCOMPENSE INJUSTE.

Le lendemain matin Golah dit à ses captifs qu'ils arriveraient à une citerne ou à un ruisseau dans l'après-midi, et qu'ils s'y arrêteraient deux ou trois jours.

Cette nouvelle fut transmise à Harry par le krooman, et tous furent transportés de joie à la perspective d'un repos, et aussi d'avoir de l'eau à volonté!

Harry eut une longue conversation avec le krooman, et ce dernier exprima sa surprise que les captifs blancs se soumissent si facilement aux volontés du sheik. Il lui apprit que la route qu'ils suivaient, si on la continuait, les conduirait très-avant dans l'intérieur du pays, — probablement à Tombuctoo; et il lui conseilla de demander à Golah de les mener plutôt à quelque port de la côte où ils pourraient être rachetés par un consul anglais.

Le krooman promit d'agir comme interprète *auprès de*

Golah et de faire tout ce qui serait en son pouvoir pour favoriser leur demande. Il pouvait persuader au sheik de changer sa destination en lui disant qu'il trouverait un bien meilleur marché s'il menait les captifs à quelque endroit où les vaisseaux arrivent et partent, plutôt que dans l'intérieur du pays.

L'homme ajouta d'un air mystérieux qu'il y avait encore un sujet sur lequel il voulait leur donner un avertissement. Pressé de s'expliquer, l'interprète parut très-embarrassé. Il finit cependant par dire que leur ami Colin ne quitterait jamais le désert.

« Pourquoi ? demanda Harry.

— Parce que le sheik le tuera. »

Harry le pria de dire toute son opinion et sur quoi il la basait.

« Si Golah voit la mère de l'enfant donner à votre camarade seulement une figue, une goutte d'eau, il les tuera tous les deux, c'est sûr. Golah n'est point un fou, il voit tout. »

Harry promit d'avertir son camarade du danger, afin de le sauver avant que les soupçons de Golah ne fussent éveillés. « Rien de bon, rien de bon, » ajouta le krooman.

Pour expliquer ces paroles, l'interprète dit à Harry que si le jeune Écossais refusait n'importe quelle faveur de la femme, la vanité blessée de la négresse changerait sa sympathie en haine, et qu'alors elle s'arrangerait pour exciter contre lui la colère de Golah, colère qui serait certainement fatale à sa victime.

« Alors que faire pour le sauver ? demanda Harry.

— Rien, répondit le krooman, vous ne pouvez rien.

Seulement avertissez-le. La femme de Golah l'aime, et il mourra, bien sûr. »

Harry informa le marin et Térence de cette conversation, et tous trois tinrent conseil.

« Je crois que le noiraud a raison, dit Bill. Si Golah s'aperçoit de la préférence d'une de ses femmes pour maître Colin, c'en est fait du pauvre garçon.

— C'est assez probable ajouta Térence. Je vois que, de quelque façon qu'il s'y prenne, Colin est dans une mauvaise passe ; il faut absolument l'avertir dès qu'il nous rejoindra.

— Colin, dit Harry, quand leur compagnon et l'enfant se furent approchés d'eux, tenez-vous éloigné de cette négresse. On vous a déjà remarqués ; le kronman vient de nous prévenir, et si Golah la voit vous donner quoi que ce soit, vous êtes un homme mort.

— Mais que puis-je faire? répondit le jeune midshipman. Si cette femme vous offrait du lait et des figues quand vous mourez de faim et de soif, pourriez-vous les refuser ?

— Non, je l'avoue, et je désire seulement qu'une pareille alternative se présente ; mais arrangez-vous de manière à vous tenir loin d'elle ; vous ne devez pas vous attarder en arrière, mais rester avec nous. »

Aucun des compagnons de Colin ne pouvait le blâmer ; une indélicatesse, un crime même devenaient presque excusables pour échapper aux tortures d'une faim et d'une soif aussi dévorantes.

La journée devint de plus en plus chaude, et les souffrances des midshipmen en arrivèrent à être insupportables. Bill semblait plus abattu et plus malade qu'aucun de ses compagnons.

Il ne parvenait à mettre un pied devant l'autre qu'avec les plus grandes difficultés; son gosier était si desséché qu'il ne pouvait plus articuler une parole, et il étendait des mains suppliantes vers Colin.

Colin le comprit. Il plaça l'enfant sur ses épaules. Bill voulait savoir si la négresse ne le récompenserait pas lui aussi, et il resta dans ce but en arrière de la troupe. Le fils de Golah et l'autre garde avaient remarqué la faiblesse du marin et s'opposèrent à ce qu'il se chargeât de l'enfant. Ils désignèrent de la main Harry et Térence; mais Bill insista pour garder sa charge, et ils finirent par le laisser libre, en l'appelant entêté et chien d'infidèle. Peu de temps après, la mère de l'enfant arrêta son chameau. Le vieux marin se mit à marcher de toute la vitesse que lui permettaient ses jambes fatiguées pour recevoir la récompense espérée; mais le pauvre homme devait éprouver un amer désappointement.

Quand la femme s'aperçut du changement de porteur, elle prononça deux ou trois mots d'une voix aigre et furieuse. Le petit noir l'ayant comprise, descendit des épaules du marin et se mit à courir de toute sa force vers elle.

La récompense de Bill fut une pluie d'invectives accompagnée de coups qu'elle lui administrait avec le bout natté de la bride de sa monture. Il voulut éviter la correction en pressant le pas, mais le chameau semblait s'être mis de la partie, car il prit une allure qui permettait à la femme d'atteindre sa victime. Cela dura jusqu'à ce que Bill eût rejoint ses compagnons. Sa peau rouge et écorchée témoignait de la cruauté de la négresse.

Colin avait repris l'enfant ; la femme en passant près du jeune Écossais, lui jeta un regard qui semblait dire : « Vous m'avez trahie ! » puis elle rejoignit son mari à la tête de la caravane.

Les esclaves noirs parurent s'amuser beaucoup de la mésaventure du marin, et ils poursuivirent leur route avec plus d'animation qu'auparavant.

Le désappointement de Bill eut cependant un bon résultat pour lui : il recouvra la voix et, tout en suivant ses compagnons, on pouvait l'entendre murmurer des malédictions.

XLII

LE PUITS DESSÉCHÉ.

Golah pensait atteindre de bonne heure dans la soirée l'endroit où il comptait trouver de l'eau, et toute la caravane était animée par cet espoir. Bill et ses compagnons se traînaient péniblement, malgré leur faiblesse qui s'accroissait encore à chaque instant. Enfin, après le coucher du soleil, on arriva au puits.

Il était sec !

Pas une goutte de l'élément tant désiré ne brillait dans la cavité où ils avaient cru le trouver.

Le marin et ses compagnons tombèrent à genoux sur le sable, en faisant des prières pour une mort immédiate.

Golah était furieux. Ses femmes, ses enfants, ses esclaves, connaissant la férocité de son humeur dans ces moments-là, fuyaient de tous côtés pour ne pas se trouver sur son chemin.

ON ARRIVA AU PUITS,... IL ÉTAIT SEC.

Tout à coup il sembla avoir pris une décision et sa colère se calma. Dénouant la dernière outre que portait un des chameaux, il en remplit une coupe pour chacun des individus du *kafila*, qui reçut encore une portion de saugleh et une couple de figues sèches.

Après ce repas, il ordonna que l'on se mît en marche vers l'ouest, et il prit la tête de la caravane.

La nouvelle route était à angle droit de celle qu'ils avaient suivie durant la première partie du jour.

Quelques-uns des esclaves ayant déclaré ne pouvoir aller plus loin, trouvèrent, après avoir reçu quelques coups de bâton, qu'il s'étaient trompés, l'application du fouet de Golah ayant réveillé chez eux une énergie qu'ils ne croyaient plus posséder.

A deux milles environ de la citerne desséchée, Golah s'arrêta et donna aussitôt quelques ordres à voix basse à ses serviteurs.

Les chameaux furent immédiatement rangés en cercle, et on les fit s'agenouiller pour les décharger de leurs fardeaux.

Pendant que ceci se passait, les captifs blancs entendirent un bruit de voix et de pas de chevaux.

L'oreille fine du sheik noir avait reconnu l'approche d'étrangers, et c'était pour cette raison qu'il avait commandé la halte.

Quand le bruit se fut rapproché, Golah dit en arabe :
« Est-ce la paix ?
« Oui, » lui fut-il répondu. Et lorsque les étrangers s'avancèrent, les salutations ordinaires furent échangées.

La caravane qu'ils avaient rencontrée se composait de

quinze ou vingt hommes, de chevaux et de chameaux, et le sheik qui la commandait demanda à Golah d'où il venait.

« De l'ouest, répondit ce dernier, lui donnant à entendre en même temps qu'il faisait la même route que lui.

— Et alors, pourquoi n'allez-vous pas jusqu'au puits?

— C'est trop loin, répondit Golah, nous sommes trop fatigués.

— Il n'y a pas plus d'une demi-lieue d'ici, dit le chef; vous ferez mieux de continuer votre marche.

— Non, je pense qu'il y a plus de deux lieues et nous nous reposerons ici jusqu'au matin.

— Nous, nous ne nous arrêterons pas. Nous savons pouvoir atteindre le puits avant la nuit.

— Très-bien, dit Golah. Allez, et que Dieu soit avec vous. Mais un instant, maître, avez-vous un chameau à vendre?

— Oui, un très-bon, seulement il est un peu fatigué, mais il sera reposé demain matin. »

Golah se doutait bien que le chameau à vendre devait être un animal surmené, mais il entrait dans ses idées que les autres crussent l'avoir trompé.

Après avoir pendant quelques minutes débattu le prix du chameau, il finit par l'obtenir moyennant une paire de couvertures, une chemise, et le sabre pris à Térence.

Les étrangers partirent aussitôt l'échange fait, dans la direction du puits. Dès qu'ils eurent disparu, Golah donna ordre de se remettre en marche. Voulant encourager les esclaves à continuer le voyage, il promit que le chameau qu'il avait acheté serait tué le lendemain matin pour leur déjeuner, et qu'ils auraient un long repos à l'ombre des tentes, durant le jour suivant.

Cette promesse eut l'effet attendu par le sheik, elle releva le courage des malheureux qui marchèrent presque jusqu'au point du jour; le chameau acheté la veille se coucha sans cérémonie et, résistant philosophiquement à tous les moyens qu'on employa pour le forcer à continuer le voyage, donna ainsi le signal de la halte. Les tentes furent dressées; et tous les préparatifs annoncèrent une halte assez longue.

On ramassa quelques bûches sèches pour faire du feu, et Golah s'apprêta à remplir sa promesse de donner aux esclaves de la nourriture à discrétion.

Un nœud coulant ayant été placé autour de la mâchoire inférieure du chameau, sa tête fut alors tirée en arrière aussi loin qu'elle put atteindre, et la corde attachée à la queue de la bête.

Fatima la favorite se tenait auprès de l'animal avec un chaudron de cuivre, tandis que Golah ouvrait une veine du cou de l'animal. Un ruisseau de sang en sortit et avant que le chameau eût cessé de vivre, le vase était plus d'à moitié plein.

Le chaudron fut ensuite placé sur le feu, et on remua le sang jusqu'à ce qu'il se fût épaissi à force de bouillir. On le retira alors du feu, et quand il eut refroidi il ressemblait par la couleur et la consistance au foie d'un taureau.

On distribua cette nourriture entre les esclaves qui la dévorèrent avidement.

Golah ordonna de faire cuire le cœur et le foie pour sa famille, et le peu de chair trouvée sur les os fut coupée par tranches et étendue pour sécher au soleil.

Une partie de l'estomac renfermait environ un gallon et demi d'eau, épaisse et sale; mais tout fut soigneusement versé dans un sac de peau et conservé en vue des besoins à venir.

On recueillit aussi les intestins, pour les esclaves. Dans la journée, Harry et Térence demandèrent une entrevue à Golah, et il leur fut permis de s'asseoir à la porte de sa tente pendant qu'ils conversaient avec lui.

Harry pria le krooman d'informer leur maître que, s'il les menait à quelque port de mer, une forte rançon serait donnée pour eux.

Golah répondit qu'il doutait de la vérité de cette assertion; ses affaires ne le conduisaient pas de ce côté, et il désirait atteindre Tombuctoo le plus tôt possible. Il ajouta que si tous ses esclaves avaient été des chiens de chrétiens, il aurait pu risquer le voyage de la côte, mais la plupart d'entre eux appartenant à des pays qui ne rachetaient pas leurs sujets captifs, il n'avait aucune envie de faire des pas et des dépenses inutiles, et de fournir peut-être aux infidèles l'occasion de s'échapper.

Ceux-ci lui firent demander ensuite s'il ne consentirait point à les vendre ainsi que le krooman à quelque marchand qui les emmènerait sur la côte.

Golah ne voulut rien promettre. Il dit que, pour cela, il lui faudrait conclure le marché dans le désert, et qu'ainsi il aurait moitié de ce qu'ils valaient.

Le seul renseignement positif qu'ils purent obtenir,

c'est qu'ils verraient cette ville si renommée de Tombuctoo, c'est-à-dire s'ils étaient assez forts pour supporter les fatigues du voyage.

Après avoir remercié Golah de sa condescendance, le krooman se retira avec les midshipmen, qui envisagèrent seulement alors leur situation dans toute son horreur.

Une nourriture abondante, une journée de repos, en calmant les souffrances physiques, leur permettaient de tourner leurs pensées vers l'avenir, et cet avenir n'avait rien de consolant.

Harry Blount et Térence, après leur entrevue avec Golah, trouvèrent Colin et Bill qui attendaient anxieusement leur retour.

« Eh bien, quelles sont les nouvelles? demanda le marin comme ils s'approchaient.

— Très-mauvaises, répondit Térence. Il n'y a pas d'espoir pour nous, nous allons à Tombuctoo.

— Non, dit Bill, jamais! jamais! »

XLIII

LE PUITS.

De bonne heure le lendemain matin, la caravane se mit en marche, se dirigeant toujours vers l'ouest; Golah était obligé de prendre cette route pour se procurer de l'eau, bien qu'elle ne le rapprochât pas de sa destination.

Deux journées de fatigue se passèrent avant qu'on eût atteint un autre puits. Le sheik, contrarié du délai que cela occasionnait, se montrait de très-mauvaise humeur, et sa colère ne ménageait ni ses femmes, auxquelles il reprochait d'avancer trop lentement, ni ses esclaves, qu'il accusait de rester en arrière. Son fils et son beau-frère recevaient de temps en temps des malédictions solennelles, pour ne pas savoir se faire mieux obéir des captifs.

Avant d'être arrivés au puits les quatre naufragés étaient dans une très-misérable condition. Leurs pieds déchirés et brûlés par le sable ne pouvaient plus les porter; leurs jambes et leurs cous étaient non moins enflammés.

On avait depuis longtemps mangé les intestins et la chair du chameau, et il ne restait plus une goutte de l'eau sale trouvée dans son estomac.

Colin avait regagné la faveur de la femme du sheik et s'était encore chargé de l'enfant; mais le peu de nourriture et d'eau qu'il recevait en récompense étaient chèrement payés.

Le jeune nègre pouvait compter comme un fardeau sérieux; en outre, se retenant à la tête de l'Écossais, lorsqu'il était monté sur ses épaules, il lui avait arraché une assez grande quantité de cheveux, ce qui rendait son crâne excessivement sensible à la chaleur.

Affamés, altérés, faibles, boiteux, harassés, les malheureux captifs se traînèrent jusqu'à ce qu'on eut atteint le puits.

En arrivant en vue d'une petite colline sur laquelle croissaient deux ou trois buissons épais, Golah se retourna vers sa troupe et la leur montra d'un geste. Tous comprirent le signal et semblèrent tout à coup renaître à l'espoir. Ils retrouvèrent leur énergie comme par miracle, hâtèrent le pas, et furent bientôt au pied de la colline.

La précipitation des esclaves pour assouvir leur soif aurait dû exciter la pitié de leur maître, mais il paraissait vouloir leur donner encore une leçon de patience.

Il ordonna d'abord de décharger les chameaux et de dresser les tentes; pendant que les uns se livraient à cette besogne, les autres devaient aller à la recherche du bois.

Ensuite il rassembla tous les plats et tous les ustensiles à boire, et il les plaça près du puits.

Il attacha alors une corde à un bassin de cuir, et

tirant l'eau du réservoir, il remplit soigneusement les vases, afin de renverser le moins possible du précieux liquide.

Quand ses arrangements furent terminés, il appela autour de lui ses femmes et ses enfants, puis il servit à chacun d'eux environ une pinte d'eau, et après leur avoir donné quelques secondes pour l'avaler, il leur ordonna de partir.

Tous s'éloignèrent sans murmurer et en apparence satisfaits.

Les esclaves s'approchèrent ensuite, et là, il y eut une véritable confusion; les vases furent saisis avec fureur, vidés en un clin d'œil et remplis encore pour être reportés à des lèvres inassouvies.

La quantité d'eau avalée par Bill et ses trois compagnons fit déclarer à Golah qu'il n'y avait qu'un Dieu, que Mahomet était son prophète et que les quatre esclaves blancs étaient des marsouins chrétiens.

Golah montra ensuite la quantité d'eau qu'il jugeait suffisante pour un individu altéré, en en buvant à peu près une pinte, c'est-à-dire le cinquième de ce qui avait été absorbé par chacun des esclaves blancs.

De longues années de privations avaient accoutumé le sheik à se contenter de peu, tout en se conservant fort et actif.

Environ deux heures après leur halte auprès du puits, et juste comme ils finissaient de remplir d'eau les chameaux, une autre caravane arriva; son chef fut salué par Golah de : « Est-ce la paix ? » la formule habituelle quand des étrangers se rencontrent dans le désert.

La réponse fut : « La paix, » et les nouveaux arrivants se mirent à dresser leur camp.

Le lendemain matin Golah eut une longue conversation avec le sheik, après quoi il retourna à sa tente d'un air très-contrarié.

La caravane nouvellement arrivée se composait de onze hommes, huit chameaux et trois chevaux. Ils arrivaient du nord-ouest; pour quel dessein? c'est ce qu'ignorait Golah, et les explications qu'avait données leur chef n'étaient en aucune façon satisfaisantes.

Bien que très-court de provisions, Golah résolut de ne pas quitter le puits ce jour-là, et le krooman sut qu'il prenait cette résolution par la crainte que lui inspiraient les étrangers.

« S'il a peur d'eux, dit Harry, ce serait une raison au contraire pour les fuir le plus vite possible. »

Le krooman répondit que, si les Arabes étaient des voleurs, des pirates du désert, ils respecteraient Golah tant qu'il resterait près du puits.

Et le krooman avait raison, les voleurs n'attaquent pas leurs victimes à l'auberge, mais sur les grandes routes; les pirates ne pillent pas les vaisseaux dans le port, mais en pleine mer. Il en est de même sur le grand océan de sable du Sahara.

« Je voudrais que ce fussent des voleurs, et qu'ils nous prissent à Golah, dit Colin; peut-être alors serions-nous emmenés vers le nord, où l'on payerait notre rançon tôt ou tard; tandis que si nous allons à Tombuctoo, nous ne quitterons jamais l'Afrique.

— Nous n'irons jamais là, reprit Térence. Nous deviendrons voleurs nous-mêmes auparavant : moi toujours, et alors Golah sera volé d'un de ses esclaves, au moins.

— Et ce sera maître Térence O'Connor, bien sûr ? dit Bill.
— Oui.
— Alors vous ne ferez pas pis que maître Colin qui l'a déjà volé deux fois, d'abord de l'affection de sa femme, et puis de celle de son enfant.
— Assez, Bill, dit Colin, que les allusions à la négresse contrariaient; nous avons à nous occuper d'autre chose. Puisque nous savons que leur intention est de nous emmener à Tombuctoo, il est temps d'agir. Nous ne devons pas y aller.
— C'est entendu, dit Harry, mais que pouvons-nous faire?
— Il faut y songer immédiatement. Chaque jour notre marche vers le sud nous éloigne de notre patrie ou de la chance d'y revenir un jour. Peut-être ces Arabes peuvent-ils nous acheter et nous conduire au nord. Si nous engagions le krooman à leur parler ? »

Tous consentirent à cette proposition. L'esclave fut appelé, et ayant été informé des désirs des naufragés, il répondit qu'il ne fallait pas qu'on le vît parler aux Arabes. Il remarqua, ce que les midshipmen avaient observé aussi, que Golah et son fils ne les perdaient pas de vue, non plus que les étrangers, et ainsi il était impossible de trouver l'occasion de s'approcher de l'autre sheik.

Tandis que le krooman donnait ces explications, le sheik se dirigeait vers le puits. Aussitôt l'esclave se leva et le suivit; mais il avait été vu de Golah, qui lui commanda de revenir d'un ton menaçant; l'Africain ne se pressa pas d'obéir et feignit de boire.

A son retour, il apprit à Harry qu'il avait parlé au sheik nouvellement arrivé, et lui avait dit : Achetez-nous, nous vous vaudrons de belles rançons plus tard. Sa réponse avait été : « Les esclaves blancs sont des chiens et ne valent pas qu'on les achète. »

« Alors nous n'avons aucun espoir de ce côté ! » s'écria Térence. »

Le krooman secoua la tête comme s'il ne partageait point l'opinion que le jeune O'Connor venait d'exprimer.

« Quoi ! pensez-vous qu'il y ait quelque espérance ? »

L'homme fit un signe d'assentiment.

« Comment ? de quelle manière ? »

Le krooman poursuivit son chemin sans autre explication.

Lorsque le soleil fut sur le point de se coucher, les Arabes levèrent leurs tentes et partirent dans la direction du puits desséché que Golah et sa caravane venaient de quitter. Dès qu'ils eurent disparu derrière la colline, le fils de Golah alla se placer sur le sommet de la hauteur pour les surveiller pendant que les femmes et les esclaves chargeaient les chameaux et pliaient les tentes.

Ayant attendu que les dernières ombres de la nuit fussent complétement descendues, Golah donna ordre de reprendre la marche dans la direction du sud-est, laquelle les éloignait de la côte et ôtait aux esclaves toute chance de jamais recouvrer leur liberté.

Le krooman, au contraire, parut content de leur voir suivre cette route.

XLIV

LES RECHERCHES.

Malgré le voyage de nuit, Golah semblait craindre encore d'être rejoint par les Arabes, et si grand était son désir de mettre autant de distance que possible entre eux, qu'il ne fit halte que lorsque le soleil était élevé depuis deux heures à l'horizon. Fatima, sa favorite, marchait depuis quelque temps auprès de lui, et lui parlait avec une grande animation. On voyait à ses gestes, et aux froncements du sourcil du maître, qu'il recevait une communication importante.

Dès que les tentes eurent été dressées, il ordonna à la négresse, mère de l'enfant porté par Colin, de lui présenter le sac de figues qui avait été confié à sa garde.

Sa femme se leva en tremblant pour obéir. Le krooman jeta aux captifs blancs un regard d'effroi, et bien que ces derniers n'eussent pas compris l'ordre de Golah,

LA FEMME PRÉSENTA LE SAC.

ils sentirent qu'il allait se passer quelque chose de terrible.

La femme présenta le sac, qui était à moitié vide.

Les figues servies trois jours avant auprès du puits tari provenaient d'un autre sac donné en garde à Fatima.

Celui que la seconde épouse présentait en ce moment devait donc être intact, et Golah demanda pourquoi il ne l'était pas.

La négresse répondit en tremblant qu'elle et ses enfants avaient mangé les figues.

A cette réponse, Fatima rit d'un air moqueur et prononça quelques paroles qui firent tressaillir la négresse.

« Je vais vous répéter, dit le krooman, assis près des midshipmen, ce que Fatima dit à Golah : « Le chien de chrétien a mangé les figues, Golah le tuera ainsi que la femme. »

Dans l'opinion de ceux qui voyagent dans le désert, le plus grand crime peut-être qui puisse être commis est celui de dérober de la nourriture ou de l'eau, et de manger ou de boire à l'insu de ses compagnons.

La nourriture confiée aux soins de quelqu'un doit être gardée et conservée même aux dépens de sa vie.

Dans aucune circonstance, il n'est permis de disposer de la plus petite parcelle de nourriture sans le consentement général de la troupe, et tout doit être partagé également.

Si ce que la femme avait dit était vrai, le crime eût été suffisant pour mettre sa vie en danger, mais la faute était plus grande encore.

Elle avait favorisé un esclave, un chien de chrétien, et avait excité la jalousie de son maître.

Fatima semblait heureuse, car il ne fallait rien moins qu'un miracle, pensait-elle, pour sauver la vie de la seconde épouse, sa rivale détestée.

Après avoir tiré son cimeterre et armé son fusil, Golah ordonna aux esclaves de s'asseoir par terre sur une seule ligne. Cet ordre fut immédiatement exécuté.

Le fils de Golah et l'autre garde se placèrent devant eux avec leurs fusils chargés. Ils avaient l'ordre de faire feu sur celui qui se lèverait Le sheik alors se dirigea vers Colin, et, le saisissant par ses boucles brunes, le tira à part, puis le laissa un instant seul.

Golah servit ensuite une ration de cheni à sa troupe, excepté à la négresse et à Colin.

Le sheik jugeait inutile de perdre de la nourriture pour ceux qui devaient mourir; cependant on voyait qu'il n'avait point encore décidé le genre de mort qu'il leur destinait.

Les deux gardes, leurs fusils en main, tenaient des yeux vigilants sur les esclaves blancs, tandis que Golah causait avec Fatima.

« Qu'allons-nous faire? demanda Térence. Le vieux ladre médite quelque mauvais tour, et comment l'en empêcher? Nous ne pouvons le laisser tuer ce pauvre Colin?

— Il faut agir immédiatement, dit Harry; nous avons attendu trop longtemps, et maintenant nous allons avoir le désavantage de les trouver préparés. Bill, conseillez-nous?

— J'y pensais, dit le marin. Si nous nous précipitions sur eux aux mots : un, deux, trois! nous n'en tuerions pas moins de deux ou trois du même coup, et nous pourrions réussir si ces vilains esclaves noirs voulaient se joindre à nous. »

Le krooman, entendant ces paroles, proposa de se mettre de la partie; il ajouta que ses compatriotes feraient de même; quant aux autres noirs, il ne répondait pas d'eux, et il craignait que les gardes n'entendissent les propositions qu'on pourrait leur faire.

« Bien alors, dit Harry; nous serions six contre trois : donnerai-je le signal ?

— Oui, allez ! » dit Térence en tirant ses pieds de dessous lui pour être prêt plus tôt.

C'était un plan désespéré, mais tous semblaient d'accord pour l'entreprendre.

Depuis leur départ du puits, ils étaient convaincus qu'ils ne pouvaient échapper à leur esclavage que par un combat.

« Maintenant que nous sommes tous prêts, murmura Harry pour ne point éveiller l'attention, un !

— Arrêtez ! s'écria Colin qui écoutait attentivement ce qui se complotait. Je ne suis pas avec vous; nous serions tous tués. Deux ou trois seraient fusillés immédiatement, et le sheik pourrait finir le reste avec son cimeterre. Il vaut mieux qu'il me tue, si c'est son intention, que de vous sacrifier tous quatre dans l'espoir de me sauver.

— Vous n'êtes pas seul en cause, reprit Harry; c'est autant pour nous que pour vous.

— Alors, révoltez-vous quand il y aura quelque chance de succès, poursuivit Colin; vous ne pouvez me sauver, vous ne feriez que risquer votre vie.

— Golah médite de tuer quelqu'un, bien sûr, » dit le krooman les yeux fixés sur le sheik.

Ce dernier causait toujours avec Fatima, et son visage avait une expression de cruauté inquiétante.

La femme sur le sort de laquelle ils délibéraient caressait ses enfants, pressentant sans doute que quelques minutes seulement lui restaient encore pour leur faire ses derniers adieux; ses traits avaient une expression singulière de calme et de résignation. La troisième femme s'était retirée à l'écart; ses enfants dans ses bras, elle regardait ce qui se passait avec une curiosité mêlée de surprise et de regret.

« Colin! cria Térence, nous ne pouvons rester ici tranquilles, et vous voir mourir sous nos yeux. Il vaut mieux que nous tentions quelque chose pendant qu'une chance de succès reste encore; laissez Harry donner le signal.

— Mais, c'est de la folie! reprit Colin : attendez au moins que nous sachions ce qu'il prétend faire. Peut-être me gardera-t-il pour une future vengeance, et vous pourrez entreprendre quelque chose, mais lorsqu'il n'y aura pas devant vous deux hommes aux aguets, tout prêts à vous brûler la cervelle. »

Les midshipmen virent que leur compagnon disait vrai; ils attendirent donc en silence, les yeux fixés sur la tente du sheik.

Bientôt Golah s'avança de leur côté; un sourire hideux éclairait ses traits sauvages.

XLV

ENTERRÉS VIFS.

La première action de Golah fut de prendre des courroies de cuir attachées à la selle de son chameau, puis il se tourna vers les deux gardiens des esclaves et leur adressa un discours très-animé, ayant pour but sans doute d'exciter leur vigilance, car ils dirigèrent aussitôt leurs mousquets sur les captifs et semblèrent attendre l'ordre de faire feu.

Le sheik fit ensuite signe à Térence de s'approcher de lui. Celui-ci hésita.

« Allez, camarade, dit Harry, il ne vous veut pas de mal. »

A ce moment, Fatima sortit de la tente de son mari, armée d'un sabre et très-désireuse, paraissait-il, d'une occasion de s'en servir.

Térence, obéissant au signe du chef, se leva : le krooman avait reçu le même ordre que lui, et Golah les conduisit tous deux dans sa tente. Fatima les y suivit.

Le sheik adressa alors quelques mots à l'Africain. Celui-ci les traduisit au jeune midshipman : « Une obéissance absolue, lui faisait dire Golah, pouvait seule le sauver ; on allait lui lier les mains, et il lui conseillait, s'il tenait à la vie, de ne point invoquer l'aide de ses compagnons. S'il restait tranquille, il n'avait rien à craindre, mais le moindre mouvement de résistance de sa part pouvait causer la mort de tous les blancs. »

Térence était doué d'une force rare pour son âge, mais dans une lutte avec le colosse africain, il devait inévitablement avoir le dessous; il eût été fou de songer à combattre seul contre lui.

Préviendrait-il ses compagnons par le signal convenu? N'était-ce pas les exposer à une mort immédiate? Leurs gardiens ne les manqueraient point sans doute, à la première tentative de révolte. Il se soumit.

Golah sortit de la tente, et y rentra aussitôt avec Harry Blount. En voyant Térence et le krooman liés, le jeune homme se précipita vers la sortie, et lutta pour se débarrasser de l'étreinte du noir. Ses efforts furent inutiles; vaincu par son terrible adversaire, qui le préservait en même temps de la fureur de Fatima, il dut se laisser garrotter aussi.

Térence, Harry et le krooman furent ensuite ramenés dehors à la place qu'ils occupaient auparavant.

Bill et Colin avaient été traités de la même manière.

« Que nous veut ce diable? demanda le marin pendant

que Golah lui attachait les mains. Va-t-il nous assassiner ?

— Non, répondit le krooman, il n'en tuera qu'un. Et ses yeux se portèrent sur Colin.

— Colin ! Colin ! s'écria Harry, voyez ce que vous avez fait, nous voici tous maintenant dans l'impuissance de vous sauver.

— Tant mieux pour vous ! répondit celui-ci ; maintenant il ne vous arrivera aucun mal.

— Mais alors, s'il n'a pas de mauvaises intentions, pourquoi nous avoir attachés ainsi ? demanda le marin. C'est une singulière manière de montrer son amitié.

— Oui, mais une manière certaine. Vous ne pouvez maintenant vous mettre en danger par une folle résistance à ses volontés. »

Térence et Harry comprirent ce que voulait dire Colin, et le procédé du chef. Il avait voulu les empêcher d'intervenir entre ses deux victimes.

Maintenant qu'il était sûr des esclaves blancs, Golah n'avait rien à redouter des autres, et les deux gardiens se retirèrent dans une tente pour se rafraîchir.

Pendant cette conversation des naufragés, on avait vu Golah activement occupé à déharnacher un des chameaux. L'objet de ses recherches était deux bêches, il les remit à deux esclaves, et ils s'apprêtèrent à faire un large trou dans le sable.

« Ils creusent une tombe pour moi ou pour cette pauvre femme, peut-être pour nous deux, » dit Colin, en les regardant d'un œil calme.

11

Les trois autres naufragés partageaient la conviction de leur camarade, et se taisaient.

Pendant ce temps, Golah s'occupait des préparatifs du départ.

Les esclaves ayant formé dans le sable mou une excavation d'environ quatre pieds de profondeur, le sheik leur commanda d'en creuser une autre.

« Il y aura deux victimes, dit Colin.

— Il devrait nous tuer tous ! s'écria Térence; nous sommes des lâches de n'avoir pas combattu pour notre liberté.

— Oui, répéta Harry, des fous et des lâches ! nous ne méritons de pitié ni dans ce monde ni dans l'autre. Colin, mon ami, s'il vous arrive malheur, je jure de vous venger dès que mes mains seront libres.

— Et je jure avec vous ! ajouta Térence.

— Ne vous préoccupez pas de moi, vieux camarades, dit Colin, qui était le plus calme de tous ; seulement, dès que vous le pourrez, débarrassez-vous de ce monstre. »

L'attention d'Harry était maintenant tournée vers Bill. Le marin venait de faire signe à un esclave de lui délier les mains, et celui-ci, craignant sans doute d'être vu de Golah, avait refusé.

Le second krooman, qui n'était point garrotté, offrit à son compatriote de le détacher, mais il refusa.

L'attitude de la malheureuse femme menacée de la vengeance de Golah, était toujours aussi résignée; ses enfants se pressaient autour d'elle en pleurant, et les midshipmen, fous de rage et de honte, gardaient un silence funèbre.

Fatima paraissait triomphante.

XLVI

LA VENGEANCE DU SHEIK.

Le second trou avait été creusé à peu de distance du premier, et quand il eut atteint la même profondeur, Golah commanda aux noirs de cesser leur travail.

Pendant ce temps on avait replié les tentes et rechargé les chameaux. Tout était prêt pour le départ.

Les deux gardiens reprirent leur poste devant les captifs blancs. Alors Golah s'avança vers la négresse qui se débarrassa de ses enfants et se releva à son approche.

Un silence profond régnait dans le camp.

Allait-il la tuer ? L'incertitude ne dura pas longtemps.

Golah saisit la femme par les poignets, la traîna vers l'une des fosses, et l'y précipita; puis les esclaves reçurent l'ordre de la remplir, en ne laissant dehors que la tête de la malheureuse.

« Dieu ait pitié d'elle! s'écria Térence avec horreur, le monstre l'enterre vivante! Ne pouvons-nous la sauver?

— Nous ne sommes point des hommes si nous n'essayons pas, » dit Harry en se mettant debout.

Son exemple fut immédiatement suivi par ses compagnons.

Les esclaves pointèrent leurs fusils sur eux, mais un prompt geste de Golah arrêta la détente.

Le fils du sheik sur l'ordre de son père, courut alors à la fosse où était la femme pour la garder, tandis que Golah lui-même s'avançait au devant des mutins. Ils furent bientôt réduits à l'obéissance. Tous les quatre rejetés à terre et liés solidement, ressemblaient à des sacs de sable entre les mains puissantes du sheik. Il en saisit deux, Harry et Térence par les cheveux, et les traîna ainsi à la place qu'ils occupaient auparavant.

Bill n'évita un pareil traitement qu'en se roulant comme il put auprès d'eux.

Colin était resté à l'endroit où il avait été garrotté.

Golah se rendit ensuite au trou qui renfermait la négresse, à moitié enterrée déjà.

Elle n'avait essayé aucune résistance, elle n'avait même pas poussé une plainte; elle semblait résignée. Sa tête seule sortait de la tombe où elle était condamnée à mourir de faim. Au moment où le sheik allait s'éloigner, elle leva les yeux et lui adressa quelques paroles qui trouvèrent ce barbare insensible; mais des larmes remplirent les yeux du krooman et tombèrent sur ses joues cuivrées.

« Que dit-elle? demanda Colin.

— Elle lui demande d'être bon pour ses enfants, » répondit l'homme d'une voix tremblante.

Après avoir quitté sa femme, Golah alla vers Colin. Ses intentions n'étaient point douteuses, les deux individus qui avaient mérité sa colère devaient périr de la même manière.

« Colin ! Colin ! que pouvons-nous pour vous sauver ? cria Harry avec désespoir.

— Rien, répondit celui-ci. N'essayez même pas, cela ne servirait à rien, laissez-moi subir mon sort. »

A ce moment le jeune homme fut jeté dans la fosse et tenu dans une position verticale par Golah, pendant que les esclaves la remplissaient de sable.

Colin, suivant l'exemple de la femme, ne fit pas un mouvement de résistance, ne proféra pas une plainte, et il fut bientôt enfoui jusqu'aux épaules. Ses compagnons étaient atterrés.

Le sheik se déclara désormais prêt au départ. Il ordonna à un esclave de monter le chameau qu'avait occupé la femme enterrée, et les trois enfants de la malheureuse furent placés devant lui.

Golah n'avait plus qu'un ordre à donner, bien digne de celle qui le lui inspirait, de Fatima.

Après avoir rempli un gobelet d'eau, il le plaça entre les deux fosses, mais à une distance où il était impossible à l'une où à l'autre de ses victimes d'y toucher. A côté du vase il mit aussi quelques figues. Cette idée satanique avait pour but d'exciter leurs souffrances par la vue de ce qui aurait pu les soulager.

« Là ! s'écria-t-il en ricanant, je vous laisse tous les

deux, et avec plus de nourriture et de boisson que vous ne pourrez en consommer. Ne suis-je pas clément? Dieu est grand, et Mahomet est son prophète! Que pouvez-vous souhaiter? *Bismillah!* Dieu est grand, et je suis Golah le bon, le juste! ».

Et en disant ces mots, il ordonna que l'on se mît en marche.

« Ne bougez pas! dit Térence, nous pouvons encore lui donner de l'occupation.

— Bien sûr, nous ne partirons pas; nous ne laisserons pas Colin ainsi. Le sheik est trop avare pour tuer tous ses esclaves; ne remuez pas, Bill, et nous pourrons peut-être délivrer Colin, reprit Harry.

— Je ferai comme vous dites, bien sûr, répondit le marin; mais je crois que nous bougerons quand même. Golah a une manière de faire marcher les gens qu'ils le veuillent ou non; j'en sais quelque chose. »

Tout le monde se mit en route, excepté les trois captifs blancs et les deux victimes de Golah.

« Courage! garçon, dit Bill à Colin.

— Partez! partez! dit celui-ci, vous ne me sauverez pas, vous vous perdez peut-être. »

Golah était monté sur son chameau et avait pris la tête du défilé quand les esclaves vinrent l'avertir que les captifs blancs refusaient de marcher.

Le sheik revint sur ses pas dans une grande fureur. Il tira la crosse de son fusil, et alors se précipitant sur Térence, qui se trouvait être le plus près de lui, il lui administra une série de coups qui changea le blanc sale de sa chemise en rouge foncé!

« Levez-vous! obéissez! cria Colin. Pour l'amour de Dieu, allez et laissez-moi! vous ne pouvez rien pour me sauver! »

Ni les supplications de Colin, ni les coups de Golah ne purent décider les midshipmen à abandonner leur camarade.

Le sheik s'élança ensuite sur Bill et sur Harry, les saisit tous les deux, et les jeta à terre à côté de Térence. Les ayant ainsi réunis tous les trois, il envoya chercher un chameau. L'ordre fut immédiatement exécuté. Il prit alors la bride de l'animal.

« Nous serons forcés de marcher maintenant, dit Bill. Il recommence le jeu qui lui a réussi avec moi l'autre jour ; je ne lui en donnerai pas la peine. »

Le vieux marin voulut se lever, mais il fut prévenu. Il avait refusé de marcher au commandement, et maintenant qu'il se montrait disposé à obéir, il devait attendre le bon plaisir de son propriétaire quant à la manière dont s'effectuerait son voyage.

Tandis que Golah attachait la corde aux mains d'Harry, la voix perçante de Fatima appela son attention ; les deux femmes qui conduisaient les chameaux chargés du butin arraché au navire, s'étaient avancées à environ deux cents yards de l'endroit où le maître se trouvait, et étaient entourées, ainsi que les esclaves noirs, d'une troupe d'hommes montés sur des meharis et des chameaux.

XLVII

ENCORE PRISONNIERS.

Ce n'était pas sans raison que Golah avait redouté les Arabes rencontrés près du puits, et ordonné une marche forcée à sa troupe durant toute la nuit.

Abandonnant ses captifs, le chef saisit son mousquet et, suivi de son fils et de son beau-frère, il s'élança en avant pour protéger ses femmes.

Il était trop tard. Lorsqu'il arriva auprès d'elles, femmes, esclaves et butin étaient déjà au pouvoir des ennemis ; une douzaine de fusils le reçurent, et il lui fut ordonné, au nom du Prophète, d'avancer en paix.

Golah eut la sagesse de céder.

Après avoir dit d'une voix calme : « C'est la volonté de Dieu ! » il s'assit et invita les vainqueurs à lui signifier les termes de la capitulation.

En voyant la caravane prise par les voleurs, le kroo-

CE N'ÉTAIT PAS SANS RAISON
QUE GOLAH AVAIT REDOUTÉ LES ARABES.

man s'était fait délier les mains par ses compagnons, et il était accouru au secours des esclaves blancs.

« Golah n'être plus notre maître, » dit-il en déliant les poignets d'Harry.

Les cordes furent bientôt dénouées, et les midshipmen rendus libres s'occupèrent aussitôt de déterrer Colin et la négresse.

A cet effet, Harry eut besoin du bol d'eau laissé par le sheik pour torturer ses victimes par sa vue.

« Allons, buvez cette eau, dit-il en offrant le vase aux lèvres de Colin, j'ai besoin de ce bol.

— Non, non, tirez-moi d'ici avant tout, répondit l'Écossais, laissez l'eau intacte : j'ai mon projet. Je veux, quand je serai libre, que le vieux sheik me la voie boire. »

Bill, Harry et le krooman se mirent à l'œuvre, et Colin et la femme furent bientôt délivrés. On tira Térence de sa torpeur en lui jetant quelques gouttes d'eau sur le visage. Colin avait les membres engourdis par suite de la position où il était resté quelque temps ; mais cela ne dura pas.

La joie de la mère en embrassant ses enfants fut si touchante que les yeux du krooman s'emplirent de larmes.

Cependant la conférence de Golah avec les Arabes ne se terminait pas comme il l'avait espéré.

Ils lui offraient deux chameaux et l'une de ses trois femmes à son choix, à la condition qu'il retournerait dans son pays et qu'il promettrait de ne plus revenir au désert à l'avenir.

Le sheik noir refusa ces conditions avec colère, et déclara qu'il mourrait plutôt pour défendre ses droits.

Golah était un nègre pur sang et appartenait à la classe des trafiquants, la plus détestée des Arabes. Pour eux c'était un intrus; il violait leur domaine, le grand désert. Sa fortune s'était faite en recueillant le butin et les esclaves jetés sur leur côte; et ils avaient résolu de ne point la lui laisser emporter dans son pays; les voleurs accusaient le sheik noir de n'avoir point agi loyalement et de n'être jamais venu au désert avec des marchandises à échanger, mais seulement avec des chameaux qu'il remmenait ensuite chargés des prises faites sur leur propre terre.

Ils l'accusèrent aussi de n'être point un vrai croyant, et déclarèrent enfin que le sheik nègre devait s'estimer heureux des conditions libérales qui lui étaient proposées.

Le refus de Golah fut si démonstratif qu'on le désarma; il fallut même le lier, opération qui ne s'accomplit pas sans une violente résistance de la part du nègre, qui eut la satisfaction de terrasser plusieurs de ses adversaires.

Un coup de crosse de fusil sur la tête le fit céder enfin, et on lui lia les bras.

Pendant cette lutte, son fils était empêché d'aller à son secours par les esclaves noirs, si longtemps ses victimes, tandis que son beau-frère et Fatima restaient spectateurs passifs de cette scène.

Dès que Golah eut été terrassé, les esclaves blancs se rendirent volontairement à leurs maîtres.

Colin, tenant le bol d'eau et les figues sèches destinées à le tourmenter dans sa tombe vivante, s'approcha de Golah et lui montra les figues avec un mouvement de tête qui disait : « Je vous en remercie ; » puis il porta le bol à ses lèvres.

Les regards du sheik devinrent sataniques ; mais une expression de plaisir y brilla soudain, lorsqu'un Arabe arracha vivement le vase des mains de Colin et le vida d'un seul trait.

Colin reçut la leçon doucement et sans dire un mot.

Les Arabes commencèrent aussitôt leurs préparatifs de départ. La première mesure fut d'attacher Golah par une corde derrière l'un des chameaux. Le géant noir était ainsi forcé de voyager de la manière employée par lui pour contraindre Bill à lui obéir.

Ses femmes et ses esclaves semblèrent comprendre leur changement de fortune, et se prêtèrent facilement aux circonstances.

Mais l'attitude de Fatima était la plus remarquable. Depuis la capture de son seigneur et maître, elle se tenait éloignée de lui et ne montrait pas la plus légère sympathie pour son malheur ; ses regards semblaient dire : Son altesse Golah est tombée et n'est plus digne de ma charmante personne.

La conduite de la femme condamnée par le chef noir à mourir enterrée était toute différente. Le malheur de son mari semblait réveiller son amour pour lui.

Elle le regardait avec compassion et douleur.

Affamés, mourants de soif, harassés, les pieds ensanglantés, incertains de l'avenir, les captifs blancs se sentaient cependant joyeux en comparant leur sort présent à celui qui était leur partage une heure auparavant.

A l'exception de Golah, les Arabes n'eurent aucune

difficulté avec leurs captifs; les blancs et les noirs savaient qu'ils voyageaient dans la direction du puits, et la perspective de boire à leur soif était un stimulant victorieux pour les faire suivre de près l'allure des chameaux.

Une halte fut faite de bonne heure dans la soirée; chacun reçut environ une demi-pinte d'eau pour sa ration. Le voisinage du puits rendait les Arabes généreux. Un seul refusa avec dédain de prendre sa part de la distribution; c'était le géant Golah.

Accepter à manger ou à boire de ses ennemis, quand il était dans une position si humiliante, lié et traité comme un esclave, était une dégradation à laquelle il ne voulait pas se soumettre.

Golah ayant refusé de prendre l'eau que lui présentait un Arabe, ce dernier se contenta de dire: « Dieu soit loué! » en s'administrant d'un seul trait la ration du sheik.

On atteignit le puits à environ une heure après minuit, et, après avoir soulagé leur soif, les esclaves prirent un repos dont la nécessité se faisait cruellement sentir, après avoir été sur pied près de trente heures.

XLVIII

UNE FEMME INFIDÈLE.

En se réveillant le lendemain matin, nos aventuriers apprirent par le krooman qu'ils allaient avoir un jour entier de halte. On devait aussi tuer un chameau pour leur nourriture.

Cet homme leur annonça encore que les Arabes se proposaient de se partager les esclaves pris à Golah.

« Quel malheur, dit Bill, que nous n'ayons pas été capturés il y a deux jours, avant de quitter le puits, cela nous aurait épargné bien des souffrances! Pourquoi, reprit-il en s'adressant au krooman, les Arabes ne nous ont-ils pas attaqués alors?

— C'être leur manière, » répondit celui-ci.

Cette réponse ne satisfit pas complétement la curiosité du marin; il insista pour avoir une autre explication.

Le krooman lui apprit alors que les voleurs du désert sont souvent exposés à rencontrer des caravanes dans les endroits où il y a de l'eau, et que tout acte de violence commis là attirait à ses auteurs le mépris et l'inimitié de tous les voyageurs du désert. Pour mieux se faire comprendre, il ajouta que, si une caravane de cent hommes arrivait en ce moment au puits, pas un ne voudrait prendre la défense de Golah, et qu'on le reconnaîtrait même pour un esclave. Au contraire, la caravane l'eût-elle trouvé en lutte avec les voleurs, tous auraient pris son parti.

Avant de se partager leur nouveau butin, les Arabes avaient à prendre une décision quant au sheik. Celui-ci se montrait toujours aussi indomptable. On le gardait à vue.

Les Arabes ne pouvaient s'accorder sur la conduite à tenir avec lui. Quelques-uns prétendaient que, malgré la couleur de sa peau, c'était peut-être un vrai croyant, et que, malgré sa manière de trafiquer et d'accroître sa fortune, système presque aussi malhonnête que le leur, il avait droit à la liberté et à une certaine portion de ses biens.

D'autres soutenaient qu'ils pouvaient mettre le chef noir et sa nombreuse famille au nombre de leurs esclaves; que ce n'était pas un Arabe, mais un Éthiopien, comme la plupart des hommes de sa suite, et que, comme esclave, il devait valoir un très-haut prix sur tous les marchés.

Cependant, ceux qui raisonnaient ainsi étaient en minorité, et on finit par offrir à Golah ses femmes et ses enfants, avec une couple de cimeterres et deux chameaux.

Le sheik noir refusa cette offre avec indignation, au grand étonnement de ceux qui avaient plaidé sa cause.

Cette décision amena un autre débat, qui se termina par la mise en esclavage de Golah.

Tout ce qui avait été recueilli à la suite du naufrage fut exposé et mis en vente. On examina et on estima les esclaves ainsi que les chameaux, et tout ce qui appartenait à Golah. Puis on procéda au partage; ceci était le plus difficile et souleva de longues et bruyantes disputes. La journée se passa en débats.

Le krooman, qui entendait le langage du désert, était attentif à tout ce qui se passait, et de temps en temps il informait les esclaves blancs de la situation. Il découvrit bientôt que chacun d'eux devait échoir à des maîtres différents.

« Vous et moi, dit-il à Harry, nous seulement avoir même maître. »

La vérité de ses paroles fut bientôt prouvée. On les sépara pour les donner à leurs propriétaires.

Lorsque les esclaves, les chameaux, les tentes eurent été distribués entre les onze Arabes, chacun prit ce qui lui revenait. Il ne restait plus que Golah, ses femmes et ses enfants dont le sort était encore indécis.

Personne ne semblait désireux de devenir possesseur du sheik, même ceux qui avaient vanté sa haute valeur.

Le fait est qu'il effrayait tout le monde. On le trouvait trop difficile à conduire. Personne ne voulait d'un homme qui refusait de boire et de manger, maudissait ses vainqueurs, appelait sur eux la vengeance de Mahomet, et jurait, par la barbe du prophète, qu'aussitôt ses mains libres, il tuerait tous ceux qui oseraient le réclamer comme esclave.

Il fut décidé qu'on chercherait à le vendre à quelque autre tribu, avec ses femmes et ses enfants, et que l'argent serait distribué entre les hommes de la troupe.

Cet arrangement parut satisfaire tout le monde, excepté Golah. Il sembla néanmoins plus disposé à céder aux circonstances, et, dès que la décision de ses maîtres lui fut connue, il appela Fatima et lui commanda de lui apporter de l'eau.

Mais la favorite refusa, sous le prétexte qu'on lui avait défendu de rien lui donner.

C'était vrai. Ses maîtres, après lui avoir offert sa part de nourriture, avaient résolu de le soumettre par la famine.

Le refus de Fatima fut le plus grand chagrin de Golah. Toujours accoutumé à la prompte obéissance de chacun, il devint fou de colère en voyant sa favorite lui résister.

Fatima était une femme rusée et égoïste, qui avait pris de l'influence sur lui en flattant sa vanité et en affectant un amour qu'elle n'avait jamais ressenti.

Ce fut seulement alors que Golah comprit qu'il était bien captif; la femme qui lui avait toujours témoigné tant d'obéissance et d'affection refusait de lui rendre un service.

Après des efforts violents et des tentatives inutiles pour

briser ses liens, il resta immobile et farouche à terre, et n'articula plus une parole.

Le kroomam n'avait pas cessé de l'observer.

« Lui n'être pas comme nous, dit-il aux blancs; lui n'être jamais esclave, lui mourir plutôt. »

XLIX

DEUX FEMMES FIDÈLES.

Tandis que Golah paraissait pétrifié par la trahison de Fatima, ses deux autres femmes s'avançaient vers lui; celle qui avait été enterrée dans le sable portant une calebasse d'eau, l'autre un plat de saugleh.

L'un des Arabes, s'apercevant de leur intention, accourut, et d'un ton de colère leur commanda de se retirer à leurs tentes; elles persistèrent cependant dans leur projet, et pour les en empêcher, sans employer de violences, il leur proposa de servir l'eau et la nourriture lui-même.

Elles y consentirent, mais lorsque la calebasse et le plat furent présentés par lui à Golah, il refusa encore.

Le sheik noir ne voulait rien recevoir de la main d'un maître.

L'Arabe mangea le saugleh, versa l'eau dans un baquet, et rendit les deux calebasses vides aux femmes.

NI LA FAIM NI LA SOIF NE POUVAIENT DISTRAIRE
GOLAH DE SES SINISTRES PENSÉES.

Ni la faim, ni une soif brûlante, ne pouvaient distraire Golah de ses sinistres pensées.

Les deux femmes restées fidèles s'avancèrent encore avec de l'eau et une portion de saugleh, mais l'Arabe les empêcha de nouveau d'approcher de leur mari ; après avoir tenté inutilement de passer outre, elles appelèrent à leur secours les jeunes gens parents du chef, mais le fils de Golah, seul, répondit à leurs prières.

La bonne volonté du jeune homme, fut immédiatement arrêtée par l'Arabe qui le réclama comme son esclave et lui commanda de rester tranquille. Cet ordre n'ayant point été suivi, l'Arabe employa la force ; au péril de sa vie le fils de Golah résista ; il osa user de violence contre son maître, crime qui mérite la mort suivant la loi du désert.

Tiré de sa pénible rêverie par le bruit qui se faisait autour de lui, Golah, voyant l'inutilité de la résistance de son fils et le danger auquel il s'exposait, lui commanda d'obéir et de rester calme. Mais ce dernier persista dans sa révolte. Il allait être tué par son maître, lorsque le krooman accourut et prononça deux mots arabes signifiant : père et fils. L'Arabe s'arrêta, il comprit les sentiments du jeune homme, mais pour empêcher d'autre tentative de sa part, il le fit garrotter et jeter à terre à côté du sheik ; ses deux femmes furent liées aussi, battues, et emmenées dans les tentes.

Fatima avait été témoin de cette scène ; mais au lieu de montrer de la sympathie, elle semblait s'amuser de tout ce qui s'était passé.

Cette conduite souleva une nouvelle indignation chez le

vieux noir ; il oublia ses souffrances, son humiliation devant cette amertume plus grande de se voir méprisé et abandonné par la femme qu'il avait le plus aimée. Cette douleur fit plus que tout pour le dompter.

« Le vieux Golah paraît très-abattu, dit Térence ; sans les coups qu'il m'a donnés l'autre jour, je crois que je le plaindrais. Lorsqu'il me battait avec la crosse de son fusil, je jurais alors que, dès que mes mains seraient libres, ce serait pour essayer de le tuer, mais je n'aurais plus le cœur de le toucher, maintenant.

— C'est juste, Terry, dit Bill. Il ne faut pas jeter d'eau sur les rats noyés, non que je veuille dire que le vieux scélérat ne puisse plus nuire, je crois qu'on aura encore de ses nouvelles avant que le diable l'emporte tout à fait ; mais je crois que celui qui est là-haut n'a pas besoin qu'on se mêle de son ouvrage.

— Vous avez raison, Bill, dit Harry. Je crois que Golah est aussi malheureux que nous maintenant.

— Que dites-vous ? reprit Colin, Golah comme nous ? rien de la sorte. Il y a plus d'énergie, plus de volonté, plus de cœur en lui qu'en nous trois réunis.

— Sa tentative de vous faire mourir de faim était-elle une preuve de cœur ? demanda Harry.

— Non, mais il faut s'en prendre à son éducation barbare. Je ne pense pas à cela maintenant, mon admiration pour lui est trop grande. Avez-vous vu comme il a refusé l'eau qui lui a été offerte plusieurs fois ?

— Il y a quelque chose d'étonnant en lui, c'est vrai, fit Harry ; mais je ne vois rien à admirer.

— Ni moi non plus, reprit Bill. Il pourrait être aussi

bien maintenant que nous le sommes, et je prétends qu'un homme est fou de ne point se faire heureux quand il peut..

— Ce que vous appelez sa folie, cria Colin, n'est qu'un noble orgueil qui le rend supérieur à nous tous ; il a la volonté de ne point se soumettre à l'esclavage, et nous ne l'avons pas. »

A ce moment le krooman appela par un geste leur attention sur le sheik captif.

« Regardez, s'écria-t-il ensuite ; Golah ne pas rester longtemps sur le désert de Sahara, vous voir lui mourir bientôt maintenant, regardez-le ! »

Le sheik noir venait de se lever, en invitant son maître à conférer avec lui.

« Il n'y a qu'un Dieu, dit-il ; Mahomet est son prophète et je suis son serviteur. Je ne serai jamais esclave. Donnez-moi une femme, un chameau et mon cimeterre, et je partirai. J'ai été volé ; mais Dieu est grand et c'est sa volonté. »

Golah avait cédé enfin, non pour échapper aux souffrances de la faim et de la soif, non qu'il craignît l'esclavage ou la mort, non parce que son orgueil était vaincu, mais pour obéir à un sentiment plus fort que tout : la vengeance. Le sheik arabe consulta avec ses hommes ; la peine que leur donnait leur captif rebelle, la difficulté de disposer de lui, et la croyance que c'était un bon musulman, étaient des arguments en faveur de sa demande. On décida donc de lui rendre la liberté, à la condition qu'il partirait immédiatement ; Golah consentit et on lui délia les mains. Pendant ce temps, le krooman courut au maître de Colin et l'avertit de veiller sur son esclave jusqu'au départ du sheik.

Cet avis était inutile, car Golah avait en tête des idées plus sérieuses que son ancienne animosité contre l'Écossais.

« Je suis libre, dit Golah, quand ses mains furent détachées. Nous sommes égaux et musulmans; je réclame votre hospitalité, donnez-moi à boire et à manger. »

Il s'avança alors vers le puits, soulagea sa soif et accepta un morceau de chameau bouilli. Tandis qu'il apaisait son appétit, Fatima paraissait très-consternée ; elle l'avait cru condamné désormais à une vie d'esclavage, si ce n'est à la mort, et c'est sur cette croyance qu'elle avait agi.

Se glissant auprès du chef arabe elle le supplia de la séparer de son mari, mais la seule réponse qu'elle reçut, fut que Golah aurait celle de ses trois femmes qu'il choisirait ; que lui, le sheik et ses compagnons étaient hommes d'honneur et ne manqueraient pas à leur parole. Une outre pleine, un peu d'orge pour faire du saugleh, et d'autres provisions nécessaires furent placées sur le chameau destiné à Golah.

Le sheik noir adressa alors quelques mots à son fils, appela Fatima, lui ordonna de le suivre, et partit.

L

FATIMA.

Un changement complet était survenu dans la fortune de Fatima, vaine, cruelle et altière, quelques heures auparavant, elle était maintenant humiliée jusque dans la poussière du désert. Au lieu de commander aux autres femmes, ses compagnes, elles les suppliait de prendre soin de son enfant, qu'elle semblait déterminée à leur laisser. Toutes deux consentirent volontiers à lui accorder sa demande.

Nos aventuriers et le krooman ne comprenaient point la conduite de l'ancienne favorite; enfin, lorsque la nuit fut venue, la mère se sépara de son enfant pour ne jamais le revoir peut-être.

Environ deux heures avant le jour, le matin qui suivit le départ de Golah, une nouvelle se répandit dans le douar et y produisit une grande rumeur.

L'homme qui avait veillé pendant la nuit avait disparu; un des meilleurs chameaux, un cheval, deux fusils manquaient aussi.

On rassembla immédiatement les esclaves pour les compter, mais l'on chercha vainement le fils de Golah. Son absence expliquait le vol, mais qu'était devenu l'Arabe chargé de faire sentinelle? Bien certainement il ne s'était pas enfui avec le nouvel esclave; il était riche, et avait laissé au camp tout ce qu'il possédait.

Il ne s'agissait pas de perdre le temps en conjectures, mais d'agir.

Quatre hommes se mirent à la recherche des absents, aussitôt le jour levé. On pensait généralement que le fils de Golah avait pris, en s'enfuyant, la direction du sud.

Contrairement à toutes les suppositions, les traces des animaux furent trouvées au nord-ouest, et à environ deux cents yards du camp on aperçut un objet noir étendu à terre. Après examen, on reconnut l'Arabe de garde, on ramassa à côté de lui son fusil dont la monture était cassée. La tragédie qui avait dû se passer s'expliquait.

Sans aucun doute le jeune esclave était allé rejoindre son père, et la manière adroite dont il s'était enfui, excitait non-seulement la surprise, mais encore l'admiration de ceux qu'il avait volés.

Dans la distribution des esclaves, Harry, Blount et le krooman étaient échus au sheik. L'Africain, grâce à sa connaissance de la langue arabe, gagna bientôt la faveur de son maître.

Tandis que l'on discutait les mesures à prendre pour

venger la mort de la sentinelle et reprendre les animaux et les armes volés, le krooman, qui avait étudié le caractère de Golah, offrit de donner son avis.

Il dit, en montrant le nord, que de ce côté on trouverait certainement les traces de Golah.

« Mais pourquoi son chien de fils n'a-t-il pas été du même côté? dit un des hommes, en désignant les traces laissées par le cheval volé, et que l'on reconnaissait au nord-ouest.

—. Si vous allez au nord, répliqua le krooman, vous êtes sûrs de voir Golah ; et si vous restez ici vous êtes sûrs encore d'avoir de ses nouvelles.

— Comment! Il ne peut point être dans les deux endroits à la fois, et encore ici en même temps?

— Non, mais il vous suivra ; voilà ce que je veux dire. »

Les Arabes étaient disposés à croire qu'il y avait plus de chance de retrouver leur propriété sur le chemin qu'ils avaient eu l'intention de suivre, le cheval et le chameau volés ayant pris cette direction. Ils résolurent donc de continuer leur voyage.

Ils comprenaient, mais trop tard, combien leur conduite envers Golah avait été imprudente. Il était maintenant hors de leur atteinte et selon toute probabilité son fils l'avait rejoint. C'était un ennemi contre lequel ils devaient être constamment en garde. A cette pensée, le vieux sheik jura par la barbe du prophète qu'il ne ferait jamais plus de merci à un homme qu'il aurait pillé. Pendant une heure à peu près, ils purent retrouver les empreintes du chameau, mais graduellement elles devinrent moins distinctes, et finirent même par s'effacer tout à fait. Une brise assez forte s'était élevée et le sable les avait balayées toutes. Cependant, peu de temps après avoir perdu les traces des animaux, ils eurent une nouvelle preuve qu'ils suivaient la bonne route. Le vieux sheik qui marchait à la tête, en regardant à sa droite, aperçut sur le sable un objet qui excita sa curiosité. Il pressa l'allure de sa bête, et suivi de sa troupe il arriva près de l'endroit remarqué.

On reconnut alors un corps humain. La face était tournée vers le ciel, les traits étaient ceux de Fatima !

La tête de la malheureuse avait été coupée et remise ensuite à l'envers sur le tronc.

Ce funèbre spectacle apprenait à la caravane que Golah, après avoir quitté la direction sud, était revenu sur ses pas et ne se trouvait pas loin maintenant. Il rôdait probablement autour du chemin qu'il croyait devoir être suivi par ses ennemis.

En s'éloignant avec son mari, Fatima avait sans doute pressenti le sort qui la menaçait, et pour cette raison elle avait confié son enfant aux soins des autres femmes.

Celles-ci ne parurent point surprises à la vue du corps. Toutes deux s'attendaient à cette fin de la favorite.

La caravane fit une courte halte, les femmes en profitèrent pour enterrer le corps.

Le voyage se continua ensuite.

LES FEMMES ENTERRÈRENT LE CORPS.

LI

UNE NOUVELLE TRAHISON.

Le beau-frère de Golah, qui d'homme libre était passé esclave, ne montrait aucun déplaisir de son changement de situation.

Il se rendit même très-utile à ses nouveaux maîtres et mit un grand empressement pendant la halte du soir à décharger les chameaux, à dresser les tentes et à établir le campement.

Tandis que les autres esclaves mangeaient leur maigre portion de saugleh, l'un des meharis ayant appartenu à Golah, s'écarta un peu du douar. Le beau-frère du sheik noir courut aussitôt après l'animal sous le prétexte de le ramener, mais au bout d'un instant on s'aperçut qu'il avait un autre but. Il s'élança vivement sur le dos du chameau en poussant un cri, le fidèle et intelligent animal, habitué au son de sa voix, obéit, et partit aussitôt d'une allure rapide dans la direction du nord. Il fut bientôt loin du camp. Cet accident mit une grande agitation dans le douar. On s'attendait si peu à cette fuite, qu'aucun des Arabes n'était prêt à poursuivre le fugitif. La garde pour la nuit n'avait pas encore été désignée, et lorsqu'on tira sur l'esclave, il se perdait déjà dans le crépuscule. Les coups de fusils n'eurent d'autre effet que d'accélérer la course du mehari.

. Les Arabes volés, l'un de l'esclave, l'autre du mehari, se disposèrent à aller à la recherche du fuyard ; ils espéraient le rattraper ; cependant les ténèbres rendaient l'entreprise plus difficile.

Tout le camp était alors sous les armes ; après le départ de ceux qui poursuivaient les fuyards, le sheik fit assembler les esclaves, et jura par la barbe du prophète, leur mort à tous; il allait donner l'exemple en tuant ceux qui lui appartenaient, Harry Blount et le krooman. Plusieurs des maîtres se montraient aussi très-irrités ; celui de Bill apaisa sa colère sur le marin en le battant jusqu'à ce qu'il eût épuisé toutes les malédictions de son vocabulaire polyglotte.

Lorsque le vieux sheik fut un peu plus calme, il prit une lanière de cuir et déclara qu'il allait lier ses esclaves, et qu'ils les laisserait ainsi tant qu'ils seraient sa propriété.

« Parlez-lui! cria Harry au krooman, dites-lui dans sa langue que Dieu est grand, et qu'il est fou. Nous n'avons pas la moindre envie de nous échapper, nous n'y pensons nullement — à présent. »

Le krooman expliqua au sheik que, ni les esclaves

blancs, ni lui, qui avait servi sur des vaisseaux anglais, ne songeaient à la fuite; leur désir était d'être menés vers le nord où ils pourraient être rachetés : ils n'avaient pas aussi peu de bon sens que de le quitter dans un endroit où, abandonnés à eux-mêmes, ils mourraient certainement de faim. Le krooman ajouta qu'ils étaient tous très-heureux d'avoir échappé aux mains de Golah, ce dernier voulant aller à Tombuctoo, où ils eussent fini leurs jours dans l'esclavage. Tandis que le krooman parlait au sheik, les Arabes s'approchèrent d'eux et écoutèrent leur conversation. Le noir leur apprit encore que les esclaves blancs avaient des amis à Agadeer, à Swerah, Santa-Cruz et Mogador, qui payeraient de fortes rançons pour eux. Pourquoi songeraient-ils à se sauver, puisqu'ils étaient en route pour les villes où résidaient leurs amis ? Le krooman ajouta encore que le jeune homme qui venait de s'enfuir était le beau-frère de Golah ; que contrairement à eux, en allant au nord, il ne pouvait espérer qu'un esclavage perpétuel, et que pour cette raison, sans nul doute, il avait voulu rejoindre Golah et son fils.

Cette explication sembla si raisonnable aux Arabes que toutes leurs craintes disparurent. Comme mesure de prudence cependant, deux hommes veillèrent sur le douar pendant la nuit, mais la tranquillité ne fut pas troublée, et le matin arriva sans que les hommes partis à la poursuite du rusé fuyard fussent revenus.

La distance à laquelle se touvait la plus proche source d'eau était trop grande pour qu'on pût songer à prolonger la halte plus longtemps. On se remit en route avec l'espoir qu'on rencontrerait en chemin les deux hommes absents.

Cette conjecture se trouva juste.

Le vieux sheik marchait en avant et examinait l'horizon de tous les côtés. A environ dix milles de leur dernier campement, il se dirigea tout à coup vers un endroit qui venait d'attirer son attention ; toute la troupe, à l'exception des femmes et des enfants, se hâta de le suivre.

Les deux Arabes partis la veille à la poursuite de l'esclave étaient couchés l'un près de l'autre. L'un avait été frappé d'une balle à la tempe, l'autre avait été coupé en deux par un cimeterre. Le fuyard de la nuit avait, sans aucun doute, rejoint Golah et son fils, et à eux trois ils avaient commis ces meurtres.

Ces trois hommes étaient bien montés et bien armés.

La colère des Arabes fut effrayante. Ils se tournèrent vers les deux femmes épouses de Golah. Ces dernières se jetèrent à genoux et demandèrent grâce.

On voulait les tuer, mais le vieux sheik, malgré sa fureur, s'interposa, en disant qu'elles n'étaient point responsables des actes de leur mari.

Nos aventuriers voyaient avec regret ce nouveau malheur arrivé aux Arabes, car ils ne pouvaient sans effroi songer au retour de Golah victorieux.

« Nous retomberons entre ses mains, s'écria Térence, il les tuera tous les uns après les autres, il reprendra ce qu'il a perdu, il nous emmènera à Tombuctoo !

— Et nous l'aurons mérité, dit Harry, car ce sera en grande partie de notre faute si nous sommes repris. »

A la colère des Arabes avait succédé l'inquiétude. Ils savaient que l'ennemi rôdait autour d'eux, un ennemi envers qui ils étaient coupables.

Ils enterrèrent en toute hâte les corps de leurs compagnons et continuèrent leur voyage vers le sud.

LII

VENGEANCE.

Les esclaves commencèrent à souffrir de la faim et de la soif, et l'allure qu'ils étaient forcés de prendre pour suivre les chameaux leur ôta bientôt le peu de forces que leur avait donné la halte précédente.

Le lendemain du jour où l'on avait enterré les deux Arabes, nos aventuriers déclarèrent les uns après les autres ne pouvoir aller plus loin. Ils se trompaient, ils ignoraient encore ce que l'amour de la vie peut donner de courage.

Au coucher du soleil, ils se traînaient péniblement dans le sable soulevé par un orage récent; il était aussi mou que de la neige et la fatigue que ce sol mobile occasionnait aux piétons était telle que les Arabes eurent pitié d'eux et firent faire halte de bonne heure. Deux hommes furent désignés pour garder le camp comme la nuit précédente; nos aventuriers, harassés par la marche de la journée, et ayant un peu apaisé leur faim et leur soif, tombèrent bientôt dans un profond sommeil. Autour d'eux, à moitié enterrés dans le sable mou, dormaient les Arabes.

Leur repos ne fut pas troublé avant cette heure, la plus sombre de la nuit, qui précède le point du jour. Ils se réveillèrent alors brusquement au bruit d'un coup de fusil; à cette détonation en succéda une autre partant d'une direction opposée. Tout le douar fut bientôt sur pied.

Les Arabes saisirent leurs armes et se précipitèrent hors des tentes. L'un d'eux courut du côté où était parti le premier coup de fusil; voyant arriver un individu sur lui et croyant à une agression, il fit feu, et tua l'un des deux hommes chargés de veiller sur le douar pendant la nuit. L'autre fut trouvé baigné dans son sang; on ne put découvrir l'ennemi, il avait disparu. Plusieurs des Arabes auraient voulu aller à sa recherche, mais le sheik les en empêcha et leur ordonna au contraire de se rassembler autour de lui.

Les deux hommes blessés furent apportés sous une tente.

Celui qui avait été frappé par l'un de ses compagnons respirait encore, mais il ne tarda pas à rendre le dernier soupir.

Le second avait eu l'épine dorsale traversée. Tout espoir de guérison était impossible.

Le jour se leva bientôt et permit de voir comment les ennemis avaient pu approcher si près du camp sans être observés.

A environ cent pas de l'endroit du campement était une ravine creusée dans le sable mou. Cette ravine se divisait en deux autres moins profondes, comprenant dans leur angle le camp arabe et aussi les sentinelles préposées à sa garde.

Les assassins s'étaient glissés dans ces fossés, se tenant chacun d'un côté, et avaient pu ainsi arriver près des sentinelles sans exciter de méfiance.

Au fond de l'un de ces fossés, où le sable était plus compacte, on reconnut l'empreinte de pieds humains. Ces traces avaient été faites par quelqu'un qui s'était hâté de sauter de la ravine.

« C'est l'empreinte de Golah, dit le krooman à Harry, après l'avoir examinée. Il l'a faite en s'enfuyant après avoir fait feu.

— C'est très-probable, dit Harry, mais comment reconnaissez-vous que ce pied est celui de notre ancien maître?

— Parce que les pieds de Golah sont les plus grands qu'il y ait au monde, et les siens seuls peuvent avoir laissé de pareilles empreintes.

— Je le répète, dit Térence en entendant ces paroles, nous serons obligés de suivre Golah à Tombuctoo; nous lui appartenons déjà, les Arabes seront tous tués par lui les uns après les autres. »

Harry ne répondit point. La prédiction de son camarade semblait assez probable.

Sur les onze hommes composant la troupe des Arabes, quatre étaient déjà morts, et un autre se mourait.

Bill déclara que Golah, son fils et son beau-frère viendraient facilement à bout des six qui restaient, car le sheik noir en valait quatre à lui seul pour la force, l'adresse et l'énergie.

« Mais nous sommes là pour appuyer les Arabes ; nous valons bien quelque chose, j'imagine ?

— Oui, comme marchandises, répliqua Harry, mais seulement à ce point de vue. Nous avons été jusqu'à présent aussi incapables de nous protéger nous-mêmes que des enfants : que pouvons-nous faire ? la supériorité tant vantée de notre nation ne saurait être vraie ici dans le désert, où nous sommes hors de notre élément.

— C'est certain ! s'écria Bill, mais nous n'en sommes pas loin ; que je sois pendu si je ne sens pas l'odeur de l'eau salée ! Par John ! si nous continuons à marcher vers l'ouest, vous verrez la vérité de mon dire avant la nuit. »

Pendant ce temps, les Arabes se consultaient sur le parti qu'ils devaient prendre.

Diviser le camp et envoyer un détachement de leur troupe à la poursuite de l'ennemi était une mauvaise tactique, car ni d'un côté ni de l'autre ils ne seraient alors assez en force pour attaquer l'ennemi.

Dans l'union seule ils pouvaient trouver la force.

Les empreintes marquées sur le sable continuaient pendant environ un mille dans la direction qu'ils voulaient suivre. Les traces des chevaux et des chameaux étaient également visibles ; évidemment leurs ennemis avaient suivi la route de l'ouest.

Peut-être eussent-ils pu éviter une rencontre avec Golah en allant vers l'est, mais, par leur connaissance du désert, ils savaient ne pouvoir trouver d'eau de ce côté qu'au bout de cinq journées de marche.

D'ailleurs ils ne désiraient pas éviter Golah. Ils avaient soif de vengeance et étaient impatients de se mettre en route, car un jour ou deux devaient s'écouler encore avant qu'ils arrivassent au puits le plus proche.

Lorsque tous les préparatifs du départ furent terminés, un obstacle menaça de les retenir, leur compagnon blessé respirait encore. On voyait bien qu'il ne pouvait vivre longtemps, la partie inférieure de son corps étant déjà froide; quelques heures seulement lui restaient à souffrir, mais ses camarades semblaient ne vouloir pas attendre son dernier soupir!

Ils creusèrent un trou dans le sable, près du mourant. Ce ne fut que l'ouvrage de quelques minutes. Dès que la fosse fut prête, tous les yeux se tournèrent vers l'agonisant.

« Bismillah! s'écria le vieux sheik, pourquoi ne mourez-vous pas, mon cher ami? nous attendons l'accomplissement de votre destinée.

— C'est fait! » murmura le blessé.

Le sheik mit une de ses mains sur ses tempes.

« Oui, dit-il, les paroles de notre camarade sont vraies, il n'est plus. »

L'homme fut alors poussé dans la fosse, et on se prépara à le couvrir de sable.

Tandis qu'on remplissait la tombe, un gémissement en sortit, et les mains de l'homme, à plusieurs reprises, s'élevèrent au-dessus de l'orifice, mais ses mouvements parurent n'avoir pas été vus, ses plaintes semblèrent n'être pas entendues!

La fosse fut comblée, et par l'ordre du sheik la caravane se mit en route!

LIII

LA MER.

Les conjectures de Bill se montrèrent justes.

Vers le soir de ce même jour, nos aventuriers virent le soleil se coucher dans un horizon brillant, qu'ils savaient n'être pas celui de la plaine de sable sur laquelle ils se traînaient depuis si longtemps.

Cette apparition lointaine de son élément favori donna une joie profonde au vieux marin.

« C'est la patrie! s'écria-t-il! nous ne serons pas enterrés sous le sable! Je ne veux plus la perdre de vue maintenant, je veux finir sous l'eau, comme un chrétien! »

Les midshipmen étaient aussi heureux que Bill. Cependant la mer était encore trop loin pour être atteinte avant le soir. Le douar fut dressé à environ cinq milles du rivage.

Durant la nuit, trois des Arabes se tinrent constamment

en sentinelles, et le lendemain matin on se remit en route, quelques-uns avec l'espoir, d'autres avec la crainte, que Golah ne reparaîtrait plus.

Les Arabes souhaitaient de le rencontrer pendant le jour, espérant recouvrer les animaux perdus, et d'après ce qu'ils savaient de cette partie du désert, ils avaient quelque espoir que leur désir se réalisât. Il n'y avait qu'un seul endroit à deux jours de marche où l'on pouvait trouver de l'eau, et, s'ils y arrivaient avant Golah, il leur serait facile de l'y attendre. Il était certain que celui-ci s'y rendrait, pour empêcher ses animaux de mourir de soif.

A midi on fit halte non loin du rivage. On ne s'arrêta pas longtemps, car le vieux sheik était anxieux de gagner le puits le plus tôt possible. Ce repos fut bien employé par les midshipmen à ramasser des coquillages et à se baigner dans le ressac.

Nos aventuriers, rafraîchis par cette nourriture et par un bain, marchèrent plus facilement; aussi arriva-t-on au puits une heure avant le coucher du soleil.

Le vieux sheik et un autre Arabe avaient eu la précaution de mettre pied à terre, afin d'examiner les traces laissées par ceux qui étaient venus auparavant en cet endroit. Ils éprouvèrent un grand désappointement : Golah y avait passé déjà. On n'en pouvait douter, deux heures à peine devaient s'être écoulées depuis son départ, car les marques semblaient toutes fraîches. Le sheik noir n'était pas loin sans doute, et guettait l'occasion d'une seconde visite nocturne chez ses ennemis.

Les appréhensions des Arabes devinrent de plus en

LES ESCLAVES EURENT LA COMMISSION DE RAMASSER DES COQUILLAGES.

plus grandes après cette découverte. Ils ne savaient absolument pas à quel parti s'arrêter; les opinions se partageaient. Quelques-uns conseillaient de rester au puits plusieurs jours, jusqu'à ce que la provision d'eau emportée par les ennemis pût être épuisée; Golah serait forcé alors de revenir en faire une nouvelle. L'idée était bonne, mais malheureusement les provisions ne permettaient point une si longue halte, et on résolut de partir immédiatement.

Au moment où on levait le camp, une caravane de marchands arriva du sud, et le vieux sheik leur demanda s'ils avaient rencontré quelqu'un sur leur route. Les marchands dirent que trois hommes répondant au signalement du chef, et voyageant vers le sud, leur avaient acheté des provisions.

Était-il possible que Golah eût renoncé à se venger? Cela paraissait peu probable.

Le vieux sheik déclara que les biens de ceux qui avaient péri seraient partagés entre les survivants; après cela le kafila se remit en route.

On fit halte après une marche assez courte, et les esclaves eurent encore la permission de ramasser des coquillages pour apaiser la faim de toute la caravane. La majorité des Arabes croyait que le sheik noir était enfin parti pour son pays, satisfait de la vengeance qu'il avait déjà tirée d'eux.

Ils semblaient même croire que leur surveillance nocturne devenait désormais inutile.

Le krooman ne partageait point cette opinion, et il fit tout ce qu'il put pour leur persuader qu'ils étaient aussi exposés cette nuit-là que les autres à une visite de l'ennemi.

Il donnait pour raison que, si Golah avait formé le projet de les détruire à lui seul et à peine armé, il n'abandonnerait certainement pas cet espoir après avoir tué à peu près la moitié d'entre eux et s'être adjoint deux compagnons redoutables.

« Dites aux Arabes, reprit Harry, que s'ils ne veulent pas veiller, nous nous en chargerons, nous ; à la condition qu'ils nous donneront des armes quelconques. »

Le krooman transmit cette proposition au sheik, qui sourit pour toute réponse.

L'idée de confier la garde d'un douar à des esclaves, et surtout de leur fournir des armes, paraissait l'amuser infiniment.

Harry comprit la signification de ce sourire. C'était un refus.

« Le sheik est un vieux fou, dit-il à l'interprète. Assurez-le que nous redoutons autant de tomber aux mains de Golah que lui de nous perdre ou d'être tué. Faites-lui comprendre que nous désirons aller au nord où nous avons l'espoir d'être rachetés, et que pour cette raison seule, nous garderons le camp avec autant de vigilance et de fidélité que les Arabes eux-mêmes. »

La force de ces observations sembla frapper le chef; convaincu par les arguments du krooman que Golah pouvait aussi bien attaquer cette nuit-là que les autres, il commanda que le douar fût soigneusement surveillé par une garde à laquelle s'adjoindraient les esclaves blancs.

« Vous irez au nord, et vous serez vendus à vos compatriotes, dit-il, si vous tenez votre parole. Nous sommes peu nombreux maintenant, il est dur pour nous de voyager toute la journée et de veiller encore la nuit. Si vous craignez réellement de rentrer au pouvoir de ce maudit nègre, si vous voulez nous aider à nous défendre contre ses attaques, vous êtes les bienvenus; mais si un seul d'entre vous essaye de nous tromper, on vous coupera immédiatement la tête à tous les quatre. Je le jure par la barbe du prophète! »

Le sheik organisa donc la garde, mais il se méfiait encore trop des esclaves blancs pour leur permettre de la monter tous ensemble.

Il demanda au krooman quel était celui d'entre eux qui avait eu le plus à souffrir des mauvais traitements de Golah. Bill lui fut désigné.

« Bismillah! s'écria le vieil Arabe, lorsqu'il sut ce que le marin avait enduré, je n'ai plus peur qu'il nous trahisse; qu'il commence la veille; et après tout ce que vous venez de me dire, je crois facilement que le désir de se venger pourrait l'empêcher de fermer les yeux pendant un mois! »

LIV

UNE VISITE DE GOLAH.

L'une des sentinelles était postée sur le rivage, à environ cent yards au nord du douar. Elle avait pour consigne de parcourir un espace de cent pas environ. Une autre fut placée à la même distance sud du camp. Bill devait se promener çà et là entre les rondes des deux sentinelles arabes. Chacune d'elles, en le rencontrant à la fin de leur parcours, devait dire le mot « akka. »

Quant aux Arabes, ils étaient supposés assez intelligents pour distinguer un ami d'un ennemi sans avoir recours à un mot d'ordre.

Le sheik se rendit dans l'une des tentes et en sortit avec un énorme pistolet ou plutôt une espingole. Il le plaça entre les mains du marin, en lui enjoignant, par l'interprète, de ne le décharger que lorsqu'il serait certain de tuer Golah ou l'un de ses compagnons.

Bill avait une si grande terreur de son ancien tyran qu'il promit joyeusement, malgré sa fatigue, « de se promener sur le pont toute la nuit, et de ne pas perdre de vue les brisants. »

Les deux Arabes, chargés de faire sentinelle avec lui, savaient par expérience que si le kafila était attaqué, ils seraient les plus exposés au danger, et cette conviction suffisait pour les engager à la plus active surveillance.

Tous les deux firent régulièrement leur promenade, et chaque fois que Bill approchait de la fin de son parcours, il entendait distinctement le signal convenu : « akka. »

L'un des Arabes, celui qui avait été posté au sud du douar, concentrait toute son attention du côté de la terre, croyant le camp bien protégé par la mer.

Il se trompait.

Golah avait eu recours à la ruse employée par les midshipmen. Il s'était enfoncé dans l'eau, laissant seulement sa tête laineuse au-dessus du bord; de cette manière il observait sans être vu les moindres mouvements de la sentinelle.

Si ce dernier se fût méfié davantage de la mer, il lui eût été facile probablement de découvrir l'ennemi, mais, nous l'avons dit, toute sa vigilance était portée sur l'intérieur du pays.

Il recommençait sa ronde pour la centième fois, lorsque Golah, profitant de ce qu'il tournait le dos au rivage, s'avança derrière lui; le bruit de ses pas se perdait dans le gémissement des vagues qui se brisaient sur les galets.

Golah n'avait qu'un cimeterre, mais dans sa main c'était une arme terrible. Il se glissa tout près de la sentinelle, leva son bras puissant sur elle, et l'Arabe s'affaissa en exhalant un soupir qu'on n'entendit pas.

L'assassin ramassa le fusil de l'homme, et marcha dans la direction qu'il avait suivie ; il s'avançait hardiment cette fois, car il supposait que le bruit de ses pas serait attribué à sa victime. Mais il ne rencontra personne ; il s'arrêta, ses yeux essayèrent de sonder l'obscurité, et ne voyant rien, il se coucha par terre pour écouter.

Après avoir regardé quelques moments, il finit par distinguer un objet noir ; ne pouvant de si loin se faire une idée exacte de ce que ce pouvait être, il s'avança en rampant jusqu'à ce qu'il eût reconnu un homme couché sur le sol, et qui semblait écouter comme lui-même. Pour quelle raison ? Ce n'était pas pour épier l'approche de son compagnon, car il n'avait point à se méfier de lui. Il est endormi peut-être, pensa Golah.

S'il en était ainsi, la fortune le favorisait, et, sur cette réflexion, il continua de ramper vers l'homme.

Bien que celui-ci ne fît pas un mouvement, Golah n'était point sûr qu'il dormît. Il fit une nouvelle pause et ses yeux perçants se fixèrent sur le corps avec un redoublement d'attention. Si l'homme ne dormait pas, pourquoi laissait-il un ennemi approcher si près de lui ? A quoi bon cette immobilité ? Comment ne donnait-il pas l'alarme ? Golah pensa que s'il réussissait à se débarrasser de cette sentinelle comme de l'autre, sans bruit, il pourrait avec ses deux compagnons (qui attendaient le résultat de l'aventure) se glisser ensuite dans le douar et reprendre tout ce qu'il avait perdu.

Il s'avança encore et vit que l'homme était couché sur

le côté, le visage tourné vers lui et en partie caché par un de ses bras.

Le sheik n'aperçut point de fusil entre ses mains, par conséquent, s'il était vu de lui, il devait y avoir peu de danger. Golah prit son sabre dans sa main droite, croyant frapper cette seconde victime comme la première, d'un seul coup.

La lame d'acier brilla dans la nuit, et la main puissante du sheik serra avec force la poignée de son arme.

Bill! vieux marin, avez-vous déjà manqué à votre parole? oubliez-vous votre devoir? Attention! Golah s'approche, son bras est levé sur vous, et dans sa pensée il vous voit déjà mort.

LV

BILL EN SENTINELLE.

Après avoir passé deux heures à se promener de long en large, à entendre le mot « akka, » et à ne rien voir que le sable gris, Bill commença à se sentir fatigué et à désirer que le vieux sheik ne l'eût pas honoré de sa confiance.

Pendant la première heure de sa veillée il n'avait pas perdu de vue le côté est ni son devoir de sentinelle, mais peu à peu sa vigilance commença à faiblir, et il se mit à penser au passé et au futur, chose qui lui arrivait rarement; puis, pour se distraire, il examina l'arme qui lui avait été confiée.

« Voilà un fameux tromblon, pensa-t-il. J'espère que je n'aurai pas à m'en servir. Le canon est mince et la balle qui est à l'intérieur doit être aussi grosse qu'un œuf. Ça doit faire un tapage épouvantable, mais peut-être qu'il n'est pas chargé. Je ferai bien de m'en assurer. »

Après avoir cherché autour de lui, le marin finit par trouver un bâton, avec lequel il mesura la longueur du canon à l'extérieur; puis l'enfonçant ensuite dans le pistolet, il s'aperçut que la profondeur du canon n'était pas tout à fait égale à sa longueur.

Il y avait donc quelque chose à l'intérieur, mais il était certain que ce n'était point une balle. Il examina ensuite le bassinet et trouva l'amorce en bon état.

« Je comprends, dit-il; le vieux sheik veut seulement que je fasse du bruit avec ça, au cas où je verrais quelque chose de louche. Il a craint de mettre une balle dedans, de peur qu'elle ne me serve contre eux; voilà sa confiance ! Il désire seulement que j'aboie sans mordre ; mais ça ne me va pas du tout, du tout. Parole ! je vais me mettre en quête d'un bon caillou et je le glisserai dans le canon. »

En disant ces mots il chercha sur le rivage une pierre de la grosseur convenable, mais il fut quelque temps à la trouver; il ne mettait la main que sur du sable fin.

Tandis qu'il était ainsi occupé, il lui sembla qu'on marchait du côté opposé à celui où il croyait entendre le mot « akka. »

Il regarda dans cette direction, mais il ne vit rien que la surface grise du rivage.

Depuis qu'il vivait dans le désert, Bill avait plusieurs fois remarqué que les Arabes se couchaient à terre pour écouter. Il essaya de ce moyen.

Dans cette position, il s'imagina voir à une plus grande distance que debout. Le sol lui semblait mieux éclairé que lorsqu'il le regardait à quatre ou cinq pieds d'élévation et les objets éloignés s'élevaient plus distinctement entre ses yeux et l'horizon.

Il entendit alors un bruit de pas du côté du rivage; mais, persuadé que c'étaient ceux de la sentinelle, il n'y fit point attention. Il n'écoutait seulement que la répétition des sons qui lui avaient semblé venir de la direction opposée.

Puis il n'entendit plus rien, et il en conclut qu'il s'était trompé.

Mais une chose certaine, c'est que la sentinelle de bâbord s'approchait de lui plus que d'habitude, et que le mot *akka* n'avait point encore été prononcé.

Bill tourna ses yeux vers le rivage. Le bruit des pas avait cessé; seulement il aperçut à peu de distance la forme d'un homme. Il était debout, et regardait attentivement autour de lui.

Cet homme ne pouvait être la sentinelle.

L'Arabe était petit et mince; l'individu qu'il voyait était grand et fort. Au lieu de rester debout, au lieu de prononcer le mot d'ordre, l'étranger se baissa, colla son oreille contre la terre, et se mit à écouter.

Pendant quelques minutes son attention parut fixée sur un autre point; le marin en profita pour remplir de sable le canon de son pistolet.

Devait-il donner l'alarme et tirer la détente, et courir ensuite vers le camp?

Non! ce pouvait être une simple imagination. L'individu couché en ce moment n'était autre peut-être que la sentinelle cherchant à s'assurer que tout était tranquille autour d'eux.

Pendant que Bill restait dans cette indécision, Golah s'avançait en rampant de son côté. Il arriva jusqu'à une dizaine de pas du marin et se leva tout à coup brusquement.

Bill fut bien sûr alors qu'il avait devant lui, non la sentinelle arabe, mais le sheik noir !

De sa vie le marin n'avait été si effrayé. Il songea à décharger son pistolet et à courir vers le douar, mais il réfléchit qu'il serait certainement frappé avant de s'être relevé, et la crainte le retint immobile.

Golah se rapprocha encore, et le marin prit enfin le parti d'agir.

Il dirigea son pistolet sur le noir, poussa la détente, et au même instant sauta sur ses pieds.

Il y eut une longue détonation, suivie d'un cri terrible.

Bill ne s'arrêta pas à voir l'effet de son feu, il courut de toutes ses forces vers le camp, déjà réveillé, où il trouva les Arabes dans la plus grande confusion et criant à qui mieux mieux.

Du côté où Bill avait tiré, on entendait appeler frénétiquement : Muley ! Muley !

« C'est la voix de Golah ! s'écria le krooman en arabe; c'est son fils qu'il appelle. Muley est son nom.

— Ils vont attaquer le douar ! » dit le sheik arabe.

Ces mots répandirent la plus grande terreur.

Dans la confusion qui en résulta, les deux femmes de Golah, emmenant leurs enfants avec elles, s'échappèrent du camp sans être remarquées.

Elles avaient entendu le cri d'angoisse du maître tyrannique qu'elles redoutaient aux jours de sa prospérité, et qu'elles plaignaient maintenant.

Les Arabes s'étaient préparés à rencontrer le chef redouté; mais le temps s'écoula et l'ennemi ne parut pas. Le silence succéda au bruit, et on put croire que l'alarme qui venait de mettre tout le douar sur pied n'était qu'une panique sans raison.

Le jour commençait à poindre vers l'est, lorsque le sheik arabe, remis de sa terreur, songea à faire l'inspection du douar et de sa troupe.

Deux faits importants ne permettaient point de croire que l'alarme eût été sans cause. La sentinelle postée au sud du douar pour le garder était absente, et les deux femmes de Golah avaient disparu, comme on l'a dit.

La conduite de ces dernières s'expliquait. Elles s'étaient enfuies pour rejoindre l'homme qui appelait Muley!

Mais l'Arabe?

Golah avait-il fait encore une autre victime?

IL Y EUT UNE LONGUE DÉTONATION.

LVI

GOLAH SUBIT SA DESTINÉE.

Bill, ayant monté sa garde, était allé dormir. Le sheik le fit réveiller par le krooman.

« Demandez-lui, dit-il à ce dernier, pourquoi il a tiré le pistolet.

— Pourquoi? pour tuer Golah, le vieux noiraud, et je me trompe beaucoup si je n'ai pas réussi. »

Cette réponse ayant été traduite au sheik, un sourire incrédule se montra sur ses lèvres. Il fit ensuite demander à Bill s'il avait vu le sheik noir.

« Si je l'ai vu! certainement! s'écria le marin. Il était à peine à quatre pas de moi quand je l'ai poivré. Je vous dis qu'il est parti et fini. »

Le sheik secoua la tête, et le même sourire d'incrédulité reparut sur ses lèvres.

Ces questions furent interrompues par la découverte

du corps de la sentinelle que tout le monde entoura aussitôt.

La tête de l'homme était presque séparée de son corps, et le coup qui l'avait frappé avait été évidemment porté par le sheik noir. Près du corps on voyait des traces de pas que les pieds de Golah seuls pouvaient avoir laissées.

Il faisait maintenant grand jour, et les Arabes, en regardant le rivage, du côté du sud, firent encore une autre trouvaille. On aperçut, à environ un demi-mille, deux chameaux et un cheval. Laissant un Arabe pour garder le douar, le sheik, suivi de toute sa troupe, partit aussitôt dans l'espoir de retrouver sa propriété perdue.

En arrivant à l'endroit où l'on avait aperçu les chameaux, on trouva le beau-frère de Golah qui les gardait. Il était couché sur le sable; mais, à l'approche des Arabes, il se leva brusquement en leur tendant les deux mains.

Il n'était point armé, et son geste signifiait : « Paix! »

Les deux femmes, entourées de leurs enfants, se tenaient près de lui et paraissaient très-affligées. Elles ne levèrent même pas les yeux à l'approche du vieux sheik.

Les fusils et les autres armes avaient été jetés à terre. L'un des chameaux était mort, et le jeune nègre dévorait un morceau de viande crue, pris dans la bosse de l'animal.

Le sheik arabe demanda Golah. Celui auquel la question s'adressait montra sans parler la mer où deux corps tournaient dans le ressac, quand il venait se briser contre la grève.

Sur l'ordre du sheik, les trois midshipmen allèrent les chercher.

Les cadavres étaient ceux de Golah et de son fils Muley.

Le visage du sheik noir semblait avoir été horriblement lacéré et n'avait plus d'yeux.

On demanda au beau-frère l'explication de ces deux morts.

« J'avais entendu le maître appeler Muley après une détonation ; j'en conclus qu'il était blessé. Muley courut à son appel pour le secourir, tandis que je restais à garder les animaux.... Je suis affamé ! Presque aussitôt Muley revint, suivi de son père qui semblait possédé d'un mauvais esprit. Il courait de çà et de là en brandissant son cimeterre de tous côtés, essayant de nous tuer tous les deux, ainsi que les chameaux. Il ne pouvait pas voir ; aussi nous pûmes nous garer de lui.... Je suis affamé ! »

Le jeune nègre s'arrêta là, et mordant de nouveau dans la viande crue du chameau, il se mit à la dévorer avec une promptitude qui prouvait la vérité de son dire.

« Pourceau ! s'écria le sheik, finissez de parler, vous mangerez après.

— Gloire à Allah ! dit le nègre en reprenant son récit. Golah courut sur un des chameaux et le tua. Après cela, le sheik devint tranquille. Le mauvais esprit l'avait quitté, et il s'assit sur le sable. Alors ses femmes s'approchèrent de lui ; il leur parla avec bonté, et mit la main sur la tête de chacun de ses enfants, en les appelant par leurs noms. Elles crièrent en le regardant ; mais Golah leur dit de ne point s'effrayer, qu'il allait laver son visage, et qu'il ne leur ferait plus peur. Un petit garçon le conduisit au bord de l'eau, et il s'avança dans la mer aussi loin qu'il put. Il allait là pour mourir. Muley courut pour le sauver; mais il fut entraîné, et tous deux se noyèrent. Je ne pus les secourir, j'étais affamé. »

La figure et le corps décharnés du nègre prouvaient la vérité de son histoire. Il avait marché nuit et jour presque toute une semaine, et il tombait de besoin et de fatigue.

Les esclaves, au commandement du sheik, enterrèrent les cadavres. Se voyant désormais délivré de son terrible ennemi, le chef arabe résolut de prendre un repos d'un jour, à la grande joie des esclaves auxquels on partagea la chair du chameau.

Un mystère restait à éclaircir au sujet de la mort de Golah. Les services du krooman, comme interprète, furent encore mis en réquisition.

Lorsque le sheik apprit comment Bill avait fait de son pistolet une arme effective en le remplissant de sable, il exprima une grande satisfaction de la manière dont le marin avait rempli son devoir.

Pour récompense du service qui lui avait été rendu, il promit que non-seulement Bill, mais encore ses camarades seraient emmenés à Mogador et rendus à leurs amis.

LVII

SUR LE BORD DU SAHARA.

Après un voyage de deux longs jours, qui furent pour les esclaves des siècles de souffrance, où la faim, la soif, la fatigue et une chaleur étouffante leur firent connaître toutes leurs tortures, on arriva à un autre étang.

Nos aventuriers reconnurent cet endroit pour celui où ils étaient tombés entre les mains de Golah.

« Dieu nous protége ! s'écria Harry Blount, nous sommes déjà venus ici ; je crains que nous ne trouvions pas d'eau : nous n'en avions laissé que de quoi remplir deux seaux, et comme il n'a pas plu, l'étang doit être à sec. »

Le désespoir se peignit sur les traits de ses compagnons, mais leur inquiétude fut de courte durée, et ils purent apaiser leur soif à leur gré, car ils trouvèrent de l'eau en abondance ; un orage assez fort avait éclaté quelques jours auparavant sur la petite vallée.

Le peu de nourriture qui restait ne permit pas de faire une longue halte, et l'on se remit en route le lendemain matin.

Les Arabes paraissaient n'avoir conservé aucune rancune contre le jeune homme qui avait aidé Golah à tuer leurs compagnons. Le nègre faisait maintenant partie des esclaves, et semblait résigné à son sort; il changeait de maître seulement.

Huit jours se passèrent à marcher dans la direction du nord-est.

Ce furent huit jours d'agonie pour les esclaves, car on ne trouva en route qu'un seul étang, et encore l'eau en était-elle infecte, répugnante au goût, et couverte à la surface d'insectes morts ; mais ils furent encore heureux de s'y désaltérer.

On avait quitté le bord de la mer, ce qui empêcha nos aventuriers de ramasser des coquillages pour apaiser leur faim. Les Arabes avaient hâte d'arriver à quelque endroit où ils pourraient se procurer de la nourriture pour les animaux.

Le vieux marin n'eût jamais pu continuer le voyage si les Arabes ne lui eussent permis de monter sur un chameau. Le service qu'il leur avait rendu les rendait plus compatissants.

Pendant les deux derniers jours, les esclaves blancs remarquèrent un changement dans le pays qui leur donna un peu d'espoir. Le terrain leur parut moins inégal, et ils apercevaient de temps à autre des buissons et des herbes.

Le kafila était arrivé sur le côté nord du grand Sahara,

et dans quelques jours ils devaient trouver de la verdure, des bosquets, des ruisseaux en abondance.

Le soir du huitième jour, ils atteignirent le lit d'une rivière récemment tarie. Bien qu'il n'y eût pas de courants, il y avait quelques étangs d'eau stagnante. Ce fut près de l'un d'eux qu'on établit le douar.

Au nord, sur une colline, croissaient quelques arbrisseaux verts; on y conduisit les chameaux, et les feuilles, les branches, les troncs même furent aussitôt dévorés par eux.

C'était vers le crépuscule que l'on avait dressé les tentes et à ce moment on aperçut deux hommes venant vers le camp; ils conduisaient un chameau, et portaient des sacs de peau de chèvre, dans le but sans nul doute de prendre de l'eau. Ils parurent surpris et ennuyés de trouver les étangs occupés par des étrangers.

Voyant qu'ils ne pouvaient s'échapper sans être vus, les hommes s'avancèrent hardiment et commencèrent à remplir leurs outres. Pendant ce temps, ils dirent au vieux sheik qu'ils faisaient partie d'une caravane qui était tout près de là, qu'ils se rendaient au sud et continueraient leur voyage le lendemain matin.

Après leur départ, les Arabes eurent une consultation.

« Ils nous ont fait un mensonge, dit le vieux sheik; ils ne sont pas en route, ou ils auraient fait halte près de l'eau ici. Par la barbe du prophète! ils ont menti! »

Tout le monde fut de cet avis. On supposa que les deux hommes appartenaient à un camp établi près du rivage, et occupé à ramasser le butin de quelque navire naufragé.

C'était une occasion qu'il ne fallait point perdre. Les Arabes résolurent d'avoir leur part de la bonne fortune qui était échue à leurs voisins. Mais comme ce projet pouvait donner lieu à quelques difficultés, le sheik ordonna d'attendre au lendemain matin pour agir. On saurait alors à quoi s'en tenir sur les chances de succès, au cas où un combat deviendrait inévitable.

LVIII

LES PILLARDS RIVAUX.

De bonne heure, le lendemain matin, le *kafila* était en route pour le bord de la mer, qui se trouvait non loin de là. Un douar d'environ sept tentes s'élevait sur le rivage; plusieurs hommes s'avancèrent pour recevoir la caravane.

Les salutations ordinaires furent échangées, et les nouveaux venus commencèrent à regarder autour d'eux. Plusieurs couples de bois, rangées sur le rivage, prouvaient qu'ils ne s'étaient pas trompés en pressentant un naufrage.

« Il n'y a qu'un seul Dieu, et il est également bon pour tous, dit le vieux sheik. Il jette les navires des infidèles sur nos rivages, et nous sommes venus réclamer notre part de ses faveurs.

— Vous êtes les bienvenus à tout ce que vous pouvez

justement réclamer, répondit un homme de haute taille qui paraissait être le chef; Mahomet est le prophète de celui qui nous envoie le bien et le mal. Visitez la côte, et tâchez de trouver quelque chose. »

Sur cette invitation, les chameaux du kafila furent déchargés et les tentes dressées. Les nouveaux venus se mirent alors à la recherche des débris du naufrage.

Ils ne découvrirent que quelques espars, et d'autres couples de bois, sans valeur pour eux.

Le vieux sheik tint conseil avec sa troupe. Ils étaient tous convaincus qu'un navire échoué était près de là, et qu'ils n'avaient qu'à épier les démarches de leurs rivaux pour apprendre où il se trouvait.

Ils cessèrent donc de chercher et se tinrent aux aguets. Lorsque cette manœuvre fut connue des autres pillards, le chef demanda à avoir un entretien avec le vieil Arabe.

« Je suis Sidi-Amet, dit-il, ceux que vous voyez avec moi sont mes amis et mes parents. Nous sommes tous membres de la même famille et fidèles serviteurs du prophète. Dieu est grand, et a été bon pour nous. Il nous a envoyé une prise, nous sommes sur le point de recueillir les dons de sa bonté. Allez votre chemin, et laissez-nous en paix.

— Je suis Riaz-Abdallah-Yessed, répondit le vieux sheik, et ni mes compagnons ni moi ne sommes indignes de la faveur de Dieu ; aussi avons-nous droit comme les autres au butin, quand il lui plaît de faire échouer des navires sur nos côtes. »

En réponse à cette prétention, Sidi-Amet entama une longue harangue ; il dit au sheik que, si un vaisseau s'était

UNE MINUTE APRÈS LA TÊTE REPARUT A LA SURFACE.

brisé sur la côte, et si les marchandises avaient échoué sur le rivage, Riaz-Abdallah-Yessed et sa troupe auraient droit autant qu'eux à recueillir ses richesses, mais malheureusement ce n'était pas le cas présent. La coque d'un vaisseau contenant une cargaison se trouvait, il est vrai, sous l'eau, tout près de là, mais ils l'avaient découverte, et par conséquent ils prétendaient à tout ce qu'elle contenait. La troupe de Sidi-Amet se composait de dix-sept hommes robustes et bien armés ; ils pouvaient donc parler sans crainte d'être dérangés dans leur plan.

Ils reconnurent avoir travaillé depuis quatorze jours à débarrasser la cargaison ; cependant leur ouvrage n'était pas encore à moitié terminé, les marchandises étant très-difficiles à faire sortir du vaisseau.

Le vieux sheik demanda en quoi consistait cette cargaison ; mais il ne reçut aucune réponse.

C'était un véritable mystère ! Dix-sept hommes avaient travaillé quatorze jours à décharger un navire échoué, et l'on ne voyait nulle part trace des marchandises recueillies !

Le vieux sheik et sa troupe étaient très-intrigués. Ils avaient souvent entendu parler de caisses pleines d'argent trouvées sur des navires échoués, de marins naufragés sur leurs côtes qui, après avoir enterré ces richesses, avaient fini par avouer dans les tortures où elles étaient cachées.

Le vaisseau en question portait-il de l'argent, et les caisses auraient-elles été enterrées aussitôt qu'amenées sur le rivage ?

Les nouveaux venus résolurent d'attendre et de tâcher

de savoir la vérité, pour arriver à réclamer leur part, s'il y avait lieu.

Sidi-Amet et sa bande étaient trop impatients de recueillir les richesses enfouies dans le navire pour attendre le départ du vieux sheik; leur nombre d'ailleurs les mettait au-dessus de toutes craintes. Ils recommencèrent donc à décharger la carcasse submergée.

Ils s'avancèrent sur le bord de l'eau, prenant avec eux une longue corde qu'ils avaient trouvée attachée aux espars. A l'une des extrémités de cette corde ils firent un nœud coulant, dans lequel passa un homme, qui nagea ensuite à une distance d'environ cent yards.

Le nageur s'enfonça complétement sous l'eau, pour aller attacher à la corde un objet quelconque de la cargaison.

Une minute après, sa tête reparut à la surface, et il héla ses compagnons. Quelques-uns commencèrent alors à tirer la corde, dont l'autre extrémité avait été laissée entre leurs mains.

Quand cette opération fut terminée, il se trouva qu'on avait tiré un gros bloc de grès d'un poids d'environ trente livres !

Les trois midshipmen regardaient avec un intérêt extrême les mouvements du plongeur et des assistants.

Lorsque le bloc de grès eut été amené sur la côte, leurs visages exprimèrent le plus grand étonnement.

Quel pouvait être leur but? Nos aventuriers ne le devinaient point.

Si les travailleurs n'avaient point dit au vieux sheik quelle sorte de cargaison ils s'efforçaient d'amener au rivage, c'est qu'ils l'ignoraient eux-mêmes.

Croyant les esclaves blancs mieux informés qu'eux, ils examinèrent attentivement l'expression de leurs visages, au moment où le bloc de lest fut déposé sur le sable sec.

La surprise qui se peignit sur les traits de Bill et sur ceux de ses compagnons confirma les pillards dans leur croyance qu'ils avaient découvert quelque chose d'une grande valeur ; cette pensée augmenta l'ardeur des Arabes à terminer leur travail.

Le krooman essaya alors de détromper son maître, en lui disant que ce qu'il prenait pour un objet de prix n'avait pas plus de valeur qu'une simple pierre.

Mais cette affirmation fut reçue par un sourire d'incrédulité. Les autres Arabes n'y crurent pas davantage. Les hommes de Sidi-Amet pensèrent que le krooman était ou un menteur ou un fou, et continuèrent leur travail avec le même empressement.

Le vieux sheik, après avoir entendu le krooman persister dans son dire, secoua la tête.

Il pensait que jamais des hommes ne pouvaient être assez fous pour entreprendre un long voyage sur mer dans le but de transporter des pierres sans valeur.

Or, comme on ne trouvait à bord du navire rien qui ressemblât à une cargaison, les pierres devaient être précieuses.

Ainsi raisonnait l'Arabe.

Pendant que le krooman cherchait à expliquer au sheik l'utilité du bloc de grès sur le navire, l'un des pillards vint l'informer qu'un homme blanc, malade, était dans l'une de leurs tentes, et qu'il demandait à parler aux esclaves infidèles dont il avait appris l'arrivée.

Le krooman informa nos aventuriers de cet incident, et ils se rendirent auprès du malade, espérant y trouver quelque compatriote qui, comme eux, avait eu le malheur d'échouer sur les côtes du Sahara.

LIX

UN AUTRE ESCLAVE BLANC.

Nos aventuriers, en entrant dans la tente qui leur avait été indiquée, trouvèrent, couché par terre, un homme d'environ quarante ans. Bien qu'il eût presque l'air d'un squelette, il ne paraissait point précisément malade, et, tout autre part qu'en Afrique, il n'eût jamais passé pour un *blanc*.

« Vous êtes les premiers Anglais que j'aie vus depuis trente ans, leur dit-il, car je suis sûr, à vos traits, que vous êtes de ce pays. Vous êtes mes compatriotes. J'ai été blanc aussi, autrefois, et vous serez aussi noirs que je le suis devenu quand vous aurez été brûlés comme moi pendant quarante-trois ans par le soleil d'Afrique.

— Quoi! s'écria Térence, êtes-vous esclave dans le Sahara depuis si longtemps? En ce cas, que Dieu nous protége! Quelle espérance pouvons-nous avoir de redevenir jamais libres? »

La voix du jeune Irlandais avait l'accent du désespoir.

« Il est peu probable que vous revoyiez jamais votre patrie, mon garçon, reprit le malade. Mais cependant j'ai une chance maintenant, et vous aussi, d'échapper à la servitude, si vous ne la détruisez pas, vous et vos compagnons. Pour l'amour du ciel, ne dites pas à ces Arabes qu'ils sont fous d'attacher du prix au lest de ce navire échoué. Si vous faites cela, je suis perdu, car c'est moi qui leur ai persuadé que ces pierres ont une grande valeur, afin de les leur faire emporter dans quelque endroit où je puisse essayer de m'enfuir. C'est la seule chance qui se soit présentée à moi depuis des années. Ne la détruisez pas, si vous avez un peu de pitié pour un compatriote. »

L'esclave raconta ensuite comment il avait parcouru le désert plus de quarante fois sous cinquante maîtres différents.

« Je suis seulement avec ces gens-ci depuis quelques semaines, dit-il. Ce qui nous a fait découvrir le vaisseau naufragé, c'est son mât de misaine qui sortait de l'eau. C'était le premier navire que mes maîtres rencontraient sans cargaison; ils en conclurent que ces morceaux de grès avaient de la valeur; ils ne voyaient pas d'autre raison à leur présence. »

J'abondai dans leur sens; je dis que c'était une espèce de pierres renfermant de l'or, mais qu'il fallait les transporter dans un endroit où l'on pût avoir du charbon et du bois à volonté, afin de les faire fondre, et que ce travail devait être confié aux blancs, qui ont l'art d'extraire ce précieux métal des rochers.

Ils me crurent; ils virent quelques parcelles brillantes dans le grès, et cela les persuada complétement. Pendant quatre jours, je dus les aider à retirer le prétendu trésor de l'eau; mais ce travail me fatiguait, et je parvins enfin à leur faire croire à ma maladie.

« Pensez-vous réellement, demanda Harry Blount, qu'ils emportent le lest à une grande distance, sans s'informer de sa valeur réelle?

— Oui, je crois qu'ils le transporteront à Mogador, et c'est là-dessus que je fonde mon espoir.

— Bien; mais, s'ils rencontrent des gens en route, tôt ou tard n'apprendront-ils pas leur erreur? suggéra Colin.

— Non; la crainte d'être volés les empêchera de se confier à personne. Ils vont cacher leur trésor dans le sable maintenant, de peur qu'il ne survienne une caravane plus nombreuse que la leur, à laquelle ils ne pourraient résister. Lorsqu'ils se mettront en route, je leur recommanderai de ne laisser voir leur butin à qui que ce soit avant leur arrivée à Mogador, où ils seront sous la protection du gouverneur. Oh! je jure bien que, si je parviens jusqu'à cette ville, rien au monde ne m'empêchera de recouvrer ma liberté. »

Tandis que le prétendu malade parlait ainsi, Bill le regardait avec un intérêt extraordinaire.

« Pardon de vous contredire au sujet de votre âge, mon brave, dit le marin, mais je ne croirai jamais que vous parcourez le désert depuis quarante ans; il n'y a pas si longtemps, sûr! »

Les deux hommes, après s'être examinés un instant, s'élancèrent l'un vers l'autre les bras étendus.

« Bill!

— James! »

Deux frères venaient de se retrouver.

Les midshipmen se rappelèrent l'histoire racontée par Bill; cette scène n'avait pas besoin de leur être expliquée. Ils retournèrent auprès du krooman. Celui-ci était enfin parvenu à convaincre le vieux sheik du véritable usage de la pierre sur le bâtiment; mais Sidi-Amet et sa troupe restèrent toujours aussi incrédules.

Ils reportèrent au frère de Bill l'opinion exprimée par les nouveaux venus sur la valeur de leur butin.

« Il va sans dire, reprit Jim, qu'ils essayeront de vous faire croire que la cargaison n'a pas de valeur. Ils voudraient vous la faire laisser, afin de s'en emparer. Le sens commun ne vous montre-t-il pas que ce sont des menteurs?

— Quel est celui d'entre vous qui m'a trahi? » demanda Jim aux midshipmen, quand ils se retrouvèrent seuls.

On lui expliqua que le krooman n'ayant pas été prévenu, sa faute était involontaire.

« Il faut que je lui parle, dit le frère de Bill; si ces Arabes découvraient que je les ai trompés, je serais tué immédiatement, et votre maître, le vieux sheik, perdrait certainement toute sa propriété. »

Le krooman et Riaz-Abdallah furent amenés dans la tente.

« Laissez mes maîtres seuls dans leur erreur, dit Jim

au vieillard, et ils seront si occupés qu'ils vous laisseront partir en paix. Sans cela, s'ils découvrent la vérité, ils vous voleront tout ce que vous possédez. Vous en avez dit assez déjà pour éveiller leurs soupçons; ils s'apercevront d'un moment à l'autre de mon mensonge. Ma vie n'est plus en sûreté entre leurs mains; achetez-moi, et partons tous immédiatement.

— Les pierres ne valent-elles réellement rien?

— Pas plus que le sable du rivage; mais, comme ils sont venus chercher fortune sur la côte, il faudra que quelqu'un soit volé, et ce sera vous.

— Vous êtes malade, dit Riaz, et, si je vous achète, vous ne pourrez pas marcher.

— Laissez-moi monter sur un chameau, tant que je serai en vue de mes maîtres, répondit l'esclave, et après vous saurez si je ne puis pas marcher. Ils me vendront très-bon marché, car ils me croient malade, mais je ne le suis pas. »

Le vieux sheik parut disposé à se rendre à cet avis, et il ordonna les préparatifs du départ.

Il fit ensuite appeler Sidi-Amet, et lui demanda s'il ne voulait pas lui vendre quelques-unes des pierres du navire naufragé.

« Bismillah! non! s'écria le pillard, vous dites qu'elles n'ont aucun prix, et je ne voudrais pas tromper un croyant.

— Voulez-vous m'en donner quelques-unes, alors?

— Non! Allah préserve Sidi-Amet de jamais faire un présent indigne de lui à son ami!

— Je suis un marchand, reprit Riaz, et je voudrais savoir si vous n'avez pas quelque chose que je puisse acheter.

— Si! j'ai ce chien de chrétien! et l'Arabe montra Jim.

— Vous m'avez promis de m'emmener au nord, maître, ne me vendez pas, attendez que je ne sois plus malade, et alors je travaillerai tant que je pourrai. »

Le prétendu désir de Jim ne fut pas écouté par Sidi-Amet, et il fut échangé contre une vieille chemise et une tente en poil de chameau.

Riaz-Abdallah et sa troupe, augmentée de Jim, se mirent en route, laissant Sidi-Amet et ses parents continuer leur inutile travail.

LX

LE FRÈRE DE BILL.

Après avoir quitté la côte, les voyageurs prirent un pas si rapide que Bill et son frère n'eurent guère le loisir de causer; mais lorsque le douar eut été dressé pour la nuit, le vieux loup de mer et les jeunes midshipmen s'assirent autour de Jim.

« Maintenant, frère, dit Bill, racontez-nous votre croisière ici. Nous avons déjà une idée de ce que vous avez pu souffrir, et cependant nous ne faisons pour ainsi dire que d'arriver : aussi, je ne m'étonne pas que vous prétendiez être à bord de cette embarcation depuis quarante-trois ans.

— Oui, il y a cela, à mon compte, répondit Jim; mais vous, Bill, vous ne paraissez pas beaucoup plus vieux que lorsque je vous ai quitté. Combien y a-t-il de temps?

— Environ onze années.

— Onze ans! mais puisqu'il y en a quarante que je suis ici!

— Comment cela pourrait-il être? demanda Bill, vous n'aurez quarante ans que le quatorze de ce mois; vous avez perdu la raison, sûr, et ça ne m'étonne pas!

— Le fait est qu'il n'y a rien dans le Sahara pour aider à se rendre compte du temps; il n'y a pas de saison, et chaque jour se ressemble comme deux secondes dans la même minute. Mais certainement je suis ici depuis plus de onze ans.

— Non, et après tout ce que vous avez souffert, je m'étonne même que vous m'ayez reconnu.

— Je ne vous ai reconnu que lorsque vous avez parlé et que je vous ai entendu mêler l'irlandais de notre père, le patois écossais de notre mère, et l'accent des cockneys parmi lesquels vous avez passé votre enfance.

— Vous voyez, maître Colin, dit Bill; mon frère a l'avantage d'avoir eu douze ans de moins que moi, et lorsqu'il fut assez grand pour aller à l'école, je travaillais pour gagner de quoi l'y faire rester. Aussi, j'espère qu'il est content de me revoir.

— Si je suis content! s'écria Jim, en doutez-vous?

— Eh bien, frère, allez, et racontez-nous votre histoire.

— Ce serait toujours la même chose; ce que je puis vous dire, c'est qu'il me semble avoir passé plusieurs années à cultiver l'orge, des années à creuser des puits, des années à garder des animaux et à parcourir le désert. J'ai éprouvé plus d'un cruel désappointement au sujet de ma liberté que je me suis cru plusieurs fois sur le point d'obtenir. J'ai été jusqu'à une journée de Mogador, je voyais déjà la délivrance, lorsque je fus vendu et ramené dans le fond du Sahara. Je me suis enfui plusieurs fois, j'ai été repris toujours et battu, et sur le point de recevoir la mort pour punition de mes tentatives. J'ai été souvent tenté de me suicider, mais une sorte de curiosité et d'entêtement m'ont retenu. Je voulais voir si la fortune ne se lasserait pas de me persécuter, et puis je ne voulais point céder, car celui qui essaye d'échapper au malheur par le suicide avoue qu'il a été vaincu dans la bataille de la vie.

— Vous avez parfaitement raison, dit Harry Blount, mais j'espère que les plus rudes combats de cette guerre sont finis! Nos maîtres nous ont promis de nous mener dans quelque endroit où nous puissions être rachetés par nos compatriotes, et vous serez certainement sauvé avec nous.

— Ne vous flattez pas de cet espoir, reprit Jim. J'y ai été trompé plusieurs années. Tous les maîtres que j'ai eus m'ont fait cette même promesse, et je suis encore ici. Vous avez vu comment j'avais essayé de persuader à ces Arabes d'aller dans un port de mer. Je comptais pouvoir m'y échapper. Je crois que bien peu de ceux qui échouent sur cette misérable côte d'Afrique retrouvent leur liberté. La plupart meurent dans le désert sous les mauvais traitements, sans laisser plus de traces de leur existence que les chiens et les chameaux qui appartiennent à leurs impitoyables tyrans. »

Bill et ses compagnons, qui s'étaient bercés depuis plusieurs jours de l'espoir d'une liberté prochaine, virent alors combien il y avait peu à se fier aux promesses de leurs maîtres.

Les midshipmen apprirent du vieux marin que son frère avait le grade d'officier. On voyait d'ailleurs dans sa conversation qu'il était intelligent et instruit.

« Si un homme ayant autant de savoir et d'expérience a été forcé de rester dix ans dans le désert, quel espoir pouvons-nous avoir d'en sortir jamais? » se dirent-ils avec douleur.

LXI

UNE RIVIÈRE VIVANTE.

Il était évident que le kafila laissait le désert et s'avançait vers un pays en comparaison fertile.

Le jour suivant, on atteignit une ville entourée de murs, et près de là, entre des collines, on aperçut plusieurs champs d'orge.

La caravane s'arrêta en cet endroit tout le reste de la journée; on y trouva des puits où les chameaux et les chevaux purent s'abreuver. C'était la meilleure eau que les esclaves eussent bue depuis leur naufrage sur la côte africaine.

Le lendemain matin la marche fut reprise. Après environ deux heures de route, le vieux sheik et un de ses hommes, marchant en avant de la troupe, s'arrêtèrent devant quelque chose qui ressemblait, vu à distance, à un large fleuve.

Tous hâtèrent le pas, et les midshipmen virent un spectacle qui leur causa autant de surprise que de frayeur. C'était un torrent de petits êtres vivants se dirigeant vers la plaine, une migration des fameuses sauterelles d'Afrique.

Elles étaient toutes jeunes et ne pouvaient encore voler. Leur marche s'opérait dans un ordre parfait et sous une discipline sévère. Elles formaient une bande d'une longueur considérable, dont les bords étaient aussi réguliers qu'une ligne mathématique.

Pas un seul insecte ne s'écartait du corps principal, qui se mouvait sur un espace trop étroit pour le nombre, la moitié seulement ayant place sur le sable, tandis que les autres suivaient grimpés sur leurs compagnons de voyage.

Les Arabes mêmes s'arrêtèrent pour considérer les progrès de cette singulière armée. Le vieux sheik descendit de son chameau, et avec un cimeterre rompit la première colonne de cette masse mouvante; l'espace fut immédiatement rempli par ceux qui avançaient derrière, et la ligne droite reformée, les insectes continuèrent d'aller en avant sans la plus légère déviation.

Un semblable spectacle n'était pas nouveau pour Jim. Il apprit à ses compagnons que, si on allumait le feu sur leur ligne de marche, les sauterelles, au lieu d'essayer de le tourner, se dirigeraient droit sur lui jusqu'à ce qu'il fût éteint sous l'amoncellement de leurs corps.

Après s'être amusé quelques moments à les regarder, le sheik remonta sur son chameau et, suivi du kafila, s'avança à travers la troupe de sauterelles.

On ne pouvait poser le pied par terre sans en écraser une vingtaine, et le pied était à peine levé qu'il en surgissait de nouvelles.

Quelques-uns des esclaves, ayant les pieds nuds, se refusèrent à marcher dans ce flot vivant. Il fallut les y forcer. La bande des insectes avait environ soixante yards de largeur; mais, si courte que fût la distance, les midshipmen déclarèrent aimer mieux franchir dix milles du désert qu'ils avaient traversé.

Un des noirs ayant voulu en avoir plus vite fini, prit son élan pour traverser le fleuve en courant, mais son pied glissa à moitié chemin, et il tomba au milieu des insectes par lesquels il fut tout aussitôt submergé.

Abasourdi par la crainte et le dégoût, il ne pouvait se relever; ses camarades furent obligés d'aller à son secours, et, une fois délivré, il resta quelque temps à reprendre son sang-froid.

Bill avait voulu essayer de résister, mais deux des noirs, après l'avoir mené de force au milieu de la bande, l'y abandonnèrent, et il comprit alors que ce qu'il avait de mieux à faire était d'en finir le plus vite possible en usant de toute la vitesse de ses jambes.

Jim apprit à ses compagnons que, l'année précédente, un nuage de ces insectes avait été balayé dans la mer par un orage et noyé; ils vinrent échouer ensuite sur la côte, et l'odeur qui en résulta fut si pernicieuse que l'on ne put faire la récolte de l'orge près du rivage et que tout fut perdu.

LXII

LES ARABES CHEZ EUX.

Presque aussitôt après le passage des sauterelles, le kafila arriva sur une route bien tracée, courant au milieu d'une contrée fertile, où s'étendaient de chaque côté des centaines d'acres d'orge.

Ce soir-là, pour quelque raison inconnue, les Arabes ne commandèrent pas la halte à l'heure ordinaire. Les esclaves blancs passèrent devant plusieurs villages où demeuraient les propriétaires des champs, mais sans s'y arrêter pour y prendre de l'eau ou de la nourriture, bien qu'ils en eussent grand besoin.

Ce fut en vain qu'ils se plaignirent de la soif; ils recevaient pour toute réponse l'ordre d'accélérer le pas, et souvent des coups accompagnaient l'injonction.

Vers minuit, quand l'espoir et la force commençaient à les abandonner, le kafila arriva devant un village en-

CE FUT A LA NUIT QU'ILS ENTRÈRENT
DANS LE VILLAGE.

touré de murs. Les Arabes s'y arrêtèrent, et la porte leur en fut ouverte. Le vieux sheik annonça aux esclaves qu'ils allaient avoir à manger et à boire à volonté, et qu'on s'arrêterait en cet endroit deux ou trois jours.

Ce fut à la nuit qu'ils entrèrent dans le village, ils ne purent par conséquent rien voir. Le lendemain matin ils se trouvèrent au centre d'un carré formé d'une vingtaine de maisons environ, entourées d'un haut mur. Ils remarquèrent aussi des troupeaux de moutons et de béliers avec un grand nombre de chevaux, de chameaux et d'ânes.

Jim leur apprit que les Arabes du Sahara ont des habitations fixes, où ils habitent une grande partie de l'année, en général des villes entourées de murs comme celle dans laquelle ils venaient d'entrer.

Le mur est construit pour préserver des voleurs, et aussi pour servir de barrière aux animaux.

Les esclaves blancs comprirent que les Arabes étaient arrivés chez eux, car ils les virent bientôt entourés de leurs familles. Cela expliquait leur marche forcée du jour précédent.

« Je crains que nous ne soyons pas en de bonnes mains pour recouvrer notre liberté, dit Jim. Si ces Arabes étaient des marchands, ils pourraient nous emmener au nord pour nous vendre ; mais il me paraît que ce sont des fermiers, des cultivateurs, des voleurs au besoin. En attendant que leur orge mûrisse, ils ont fait une expédition dans le désert dans l'espoir de capturer quelques esclaves pour les aider à leur récolte ! »

Jim ne se trompait point. Lorsque lui et ses compagnons firent demander au vieux sheik quand il comptait emmener ses esclaves à Sweara, il répondit :

« Notre orge est maintenant mûre, et nous ne pouvons la laisser gâter. Vous nous aiderez à la récolter, et cela nous permettra de vous conduire à Sweara plus tôt.

— Avez-vous réellement l'intention de mener vos esclaves à Mogador ? demanda le krooman.

— Certainement ! répliqua le sheik. N'avons-nous pas promis ? mais nous ne pouvons laisser nos champs ainsi. Bismillah ! notre grain serait perdu.

— C'est bien ce que je pensais, dit Jim. Ils n'ont pas la moindre intention de nous conduire à Mogador ; cette même promesse m'a été faite par différents maîtres une vingtaine de fois.

— Que ferons-nous ? demanda Térence.

— Rien du tout, répondit Jim ; nous ne devons les aider en aucune façon. Si nous nous rendons utiles, ils ne nous lâcheront pas. Il y a longtemps que je serais libre si je n'avais pas essayé de gagner la bienveillance de mes maîtres en travaillant pour eux. C'était une grande erreur. Il ne faut pas que nous leur donnions la plus petite aide.

— Mais ils nous forceront, reprit Colin.

— Non, si nous sommes résolus, et je vous dis qu'il vaut mieux être tué tout de suite que de se soumettre à cela. Si nous travaillons à la récolte, ils nous feront ensuite faire autre chose, et vos meilleurs jours s'écouleront comme les miens, dans l'esclavage. Chacun de nous doit se rendre insupportable, doit être une dépense pour son maître, et alors on nous cédera à quelque marchand venant de Mogador qui saura avoir de l'argent en nous vendant. C'est notre seule chance. Les Arabes ne savent pas qu'ils sont sûrs de faire de l'argent avec nous à Mogador, et, dans le doute, ils ne courront pas la chance du voyage. Et puis ce sont des voleurs, et ils n'osent sans doute pas entrer dans une ville. Il faut absolument que nous les forcions à nous vendre à quelque marchand. »

Nos aventuriers promirent de se laisser guider par les conseils de Jim, bien que persuadés des souffrances qui résulteraient de leur révolte.

Le surlendemain matin tous les esclaves furent réveillés de bonne heure, et, après un léger repas de gruau, ils reçurent l'ordre de suivre leurs maîtres dans les champs, hors des murs.

« Est-ce que vous voulez nous faire travailler? demanda Jim directement au vieux sheik.

— Bismillah! Oui. Nous vous avons laissés trop longtemps déjà dans la paresse. Vous travaillerez pour vivre, comme nous le faisons aussi.

— Nous ne pouvons rien faire à terre, reprit Jim, nous sommes des marins, et nous ne savons nous rendre utiles que sur des vaisseaux.

— Par Allah! vous apprendrez bientôt! Allons, suivez-nous.

— Non. Nous sommes tous résolus à mourir plutôt qu'à obéir. Vous avez promis de nous conduire à Sweara, et à Sweara nous irons! Nous ne voulons plus être esclaves. »

Plusieurs Arabes avec leurs femmes et leurs enfants s'étaient alors rassemblés autour des blancs.

« Cela ne nous servira à rien, dit Jim à ses compagnons, de refuser d'aller aux champs, ils peuvent nous y forcer, mais non à travailler. Suivons-les donc tranquillement, mais restons inactifs. »

Les esclaves arrivèrent bientôt dans un champ d'orge. Une faux de manufacture française leur fut donnée à chacun, et on leur expliqua la manière de s'en servir.

« Ne vous inquiétez pas, garçons ! Servez-vous de leurs instruments, nous allons leur donner un échantillon de notre savoir ! »

Jim montra aussitôt l'exemple en coupant le grain maladroitement, en l'envoyant dans toutes les directions, et en marchant dessus les têtes tombées impitoyablement. Bill, le krooman et Harry Blount firent de même.

Térence laissa tomber son outil de manière à ce qu'il se brisât en pièces.

Colin se blessa à la main, et fit semblant de se trouver mal à la vue du sang.

L'après-midi se passa pour les Arabes à essayer de forcer leurs esclaves au travail, mais sans obtenir un résultat satisfaisant.

Les malédictions, les menaces, les coups plurent sur eux, sans les amener à l'obéissance; les chiens de chrétiens ne semblaient pouvoir faire que du mal. Ils passèrent le reste du jour étendus sur la terre, pendant que leurs maîtres coupaient l'orge. Il est vrai que leur paresse fut payée aux dépens de leur peau et de leurs os. Leur estomac se ressentit aussi de la colère des Arabes : ils furent privés d'eau et de toute espèce de nourriture.

Cependant tous les cinq persistèrent dans leur résolution, et ni la faim, ni la soif, ni les coups, ne purent les en faire changer.

XLIII

TRAVAILLER OU MOURIR.

Les esclaves blancs furent enfermés pour la nuit dans un bâtiment carré qui avait servi d'étable aux animaux.

N'étant plus exposés aux rayons du soleil brûlant, leurs souffrances se trouvèrent un peu apaisées. Ils avaient réussi à ramasser en cachette quelques grains d'orge, mais c'était bien peu de chose pour des estomacs affamés. Tourmentés d'une soif intolérable, ils ne purent prendre un instant de repos, et ils furent obligés de retourner aux champs dès la pointe du jour, sans avoir ni dormi ni mangé. Ils commençaient à être fortement tentés de céder à leurs maîtres.

Les esclaves noirs, ayant bien travaillé la veille, avaient de la nourriture à volonté. Ils prenaient leur déjeuner quand les autres passèrent devant eux le lendemain matin.

« Jim, dit Bill, j'ai envie d'obéir. Il faut que j'aie à manger et à boire, si peu que ce soit. Je meurs de besoin.

— N'y pensez pas, frère, à moins que vous ne vouliez rester des années en esclavage. Notre seule chance de salut est dans la résistance, je vous l'ai dit. Ne croyez pas que nos oppresseurs nous laisseront mourir. Ils perdraient trop à cela; ils ne veulent que nous pousser à bout. Nous serions fous de céder. »

Arrivés aux champs, les Arabes essayèrent encore de les contraindre au travail.

« Nous ne pouvons maintenant, dit Jim, nous mourons de faim et de soif.

— Il y a de quoi manger pour ceux qui travaillent, mais les inutiles n'ont droit à rien. »

On les contraignit alors à s'asseoir au soleil brûlant, où la vue de l'eau qu'on leur refusait augmentait leurs souffrances.

Pendant l'après-midi de ce jour, il fallut toute l'éloquence de Jim pour empêcher son frère de se rendre. Le vieux marin fut plusieurs fois tenté d'obéir afin d'obtenir quelques gorgées d'eau.

De longues années de souffrances passées au désert avaient endurci Jim, et moins abattu que les autres par conséquent, il lui était plus facile de persévérer dans sa résolution. Depuis qu'il se trouvait avec des compatriotes, il avait repris courage; il pensait que cinq esclaves blancs valaient la peine d'un voyage à Mogador, et qu'en lassant la patience de leurs maîtres ils viendraient à bout de se faire emmener.

Les Arabes réfléchirent que, les esclaves ne voulant pas

céder, il serait mieux de les laisser dans leur prison. Aux champs ils parvenaient toujours à recueillir quelques grains d'orge et à humecter leurs lèvres en pressant les racines des herbes autour d'eux.

Ce fut avec la plus grande peine que Bill et Colin purent regagner la ville; les autres, à l'exception de Jim, étaient aussi dans un état de faiblesse extrême.

En atteignant la porte de l'étable, ils refusèrent d'entrer et demandèrent hautement à boire et à manger.

« C'est la volonté de Dieu, leur répondit-on, que ceux qui ne veulent pas travailler souffrent de la famine. »

Il fallut la force pour les faire entrer dans leur prison.

« Jim, je ne puis supporter cela plus longtemps, dit Bill. Appelez-les, dites-leur que je travaillerai demain matin s'ils veulent me donner un peu d'eau.

— Et moi aussi, dit Térence, rien dans l'avenir ne peut compenser de pareilles souffrances. Je ne puis plus attendre.

— Ni moi non plus ! fit Harry.

— Courage ! patience ! reprit Jim. Ne vaut-il pas mieux souffrir encore quelques heures que de subir plusieurs années d'esclavage ?

— Dites-leur, s'écria Térence, que nous travaillerons demain. »

Mais ni Jim ni le krooman ne voulurent communiquer cette résolution aux Arabes, et leurs compagnons eurent beau faire des signes pour attirer l'attention de ces derniers, ils ne furent point écoutés.

De bonne heure, le lendemain matin, le krooman et Colin se déclarèrent prêts à obéir à leurs maîtres.

« Que nous importe l'avenir, dit Colin en réponse aux

supplications du frère de Bill, quand nous mourons de besoin. Laissons l'avenir sous la garde de Dieu, et nous, veillons sur le présent. Promettons tout ce qu'on voudra, et obtenons à manger.

— Ils ne nous affameront pas jusqu'à nous faire mourir, reprit Jim, je vous l'affirme; comment pouvez-vous en douter ? Ils y perdraient trop. Si nous ne voulons pas travailler, ils nous vendront, je vous le répète; sans cela, des années de captivité nous attendent. Je vous demande encore un jour de courage.

— Je ne puis pas, répondit l'un.

— Je n'ai plus de force, dit un autre.

— Ayons seulement à manger, fit Térence, et alors nous arracherons notre liberté par la force; il me semble que si j'avais seulement un verre d'eau à boire, je viendrais à bout de tous les Arabes de la terre.

— Et moi aussi, » reprit Colin.

Bill, qui s'était étendu par terre, se réveilla de sa torpeur.

« De l'eau ! de l'eau ! » murmura-t-il d'une voix rauque.

Le krooman et les trois midshipmen se joignirent à lui, et tous se mirent à crier aussi haut que leurs gosiers desséchés le permettaient : De l'eau ! de l'eau !

Mais personne ne répondit à leurs supplications. Les enfants du village s'assemblèrent seuls autour de la porte, tout joyeux d'entendre les gémissements des prisonniers.

La nuit se passa dans ces souffrances.

XLIV

VICTOIRE.

Le lendemain matin, quand les Arabes ouvrirent la porte de la prison, ils trouvèrent Bill et Colin incapables de se lever ; le vieux marin semblait avoir perdu connaissance.

La résolution de Jim commençait à s'ébranler. Cependant, avant de céder, il voulut s'assurer des dispositions de leurs maîtres.

« Les chiens de chrétiens sont-ils disposés à travailler pour manger ? » demanda le vieux sheik.

Le frère de Bill, presque fou de soif, alarmé de l'état de ses camarades, allait répondre affirmativement, lorsqu'une nuance dans le ton du sheik lui donna à réfléchir. Il tourna ses regards vers les autres Arabes. Il lui sembla qu'une détermination avait été prise entre eux, il espéra qu'elle était d'accord avec ses désirs, et au lieu de se déclarer prêt à obéir, il répondit qu'ils étaient tous déterminés à mourir plutôt qu'à rester esclaves.

« Pas un de nous ne désire vivre, dit-il, excepté pour revoir sa patrie : nos corps sont abattus, mais nos âmes sont fortes. Nous mourrons ! »

Sur cette réponse, les Arabes partirent en fermant la porte de l'étable.

Le krooman, qui avait tout entendu, voulut les rappeler, mais Jim, espérant toujours que sa fermeté serait récompensée, l'en empêcha.

Une demi-heure s'écoula, et le frère de Bill recommença à douter. Il pensa s'être trompé sur l'expression qu'il avait cru voir sur les visages des Arabes.

« Leur avez-vous dit, demanda Térence, que nous leur obéirions, s'ils voulaient nous donner à boire ?

— Oui ! certainement ! repartit Jim qui regrettait de n'avoir pas cédé.

— Alors pourquoi ne viennent-ils pas nous délivrer ? » murmura Térence d'une voix que le désespoir rendait impérieuse.

Jim ne répondit pas ; le krooman s'était affaissé par terre et semblait ne rien entendre.

Peu de temps après, Sim entendit les troupeaux sortir de la ville, et ayant regardé par une petite fente à travers la porte, il vit les Arabes se diriger vers les champs d'orge.

Les Arabes avaient-ils résolu de les laisser encore la journée dans un pareil supplice ? A cette pensée, il les appela dans le plus grand effroi, mais ses cris ne leur parvinrent pas, car la soif lui serrait le gosier.

« Que Dieu me pardonne! pensa-t-il, mon frère et les autres seront morts avant la nuit. Je les ai tués, et je meurs aussi ! »

Le désespoir s'emparant de lui, il recommença ses cris; on aurait pu les entendre cette fois, car c'étaient ceux d'un fou furieux! Il se précipita sur la porte, et dans la fureur frénétique qui le possédait, il parvint à la briser. Alors il s'élança dehors, résolu à tout promettre, à tout faire, pour sauver les existences qu'il avait compromises.

Mais aux premiers pas il vit venir vers la prison deux hommes et quelques enfants avec des bols d'eau et des plats remplis de gruau.

La victoire était à eux ; le sheik leur envoyait à manger.

Saisissant une calebasse pleine d'eau, Jim courut vers son frère, et le soulevant dans ses bras, il présenta le vase à ses lèvres. Bill n'avait même plus la force de les ouvrir, il fallut lui verser le liquide dans la bouche.

Ce ne fut que lorsque tous ses compagnons eurent bu et mangé que Jim songea à prendre quelque chose pour lui-même.

L'effet de la nourriture sur ces gens affamés fut presque miraculeux ; ils félicitaient maintenant le frère de Bill de sa persévérance.

« Tout va bien! s'écria celui-ci. Nous sommes victorieux ! nous n'aurons pas à travailler à la moisson ! nous serons nourris, engraissés et vendus, et peut-être emmenés à Mogador. Remercions Dieu de nous avoir donné le courage et la force d'attendre! »

LXV

ENCORE VENDUS.

Deux jours se passèrent pendant lesquels on servit à nos aventuriers de bonnes portions de saugleh; quant à l'eau, ils n'avaient que la peine d'aller la chercher au puits et à subir pendant ce temps-là les insultes des femmes et des enfants.

Le second krooman, qui dans un moment de désespoir avait cédé à ses souffrances et aidé les autres esclaves aux champs, ne pouvait plus maintenant obtenir de rester sans travailler. Il venait quelquefois causer avec son compatriote et exprimait amèrement le regret de n'avoir pas eu son courage.

Le soir du second jour les esclaves blancs furent visités dans leur retraite par trois Arabes qu'il n'avaient pas encore vus. Ces derniers étaient bien vêtus et bien armés, et ils avaient meilleur air qu'aucun des habitants du désert.

LES ESCLAVES BLANCS FURENT VISITÉS.

Jim entra aussitôt en conversation avec eux. Il apprit que c'étaient des marchands voyageant avec une caravane, et qu'ils avaient demandé l'hospitalité dans la ville pour une nuit.

« Vous êtes justement les hommes que nous désirons rencontrer, dit le frère de Bill en arabe, langue qu'il pouvait parler couramment après un si long séjour dans le pays. Nous voudrions être achetés par des marchands qui nous conduiraient à Mogador, où nous avons des amis qui payeront nos rançons.

— J'ai acheté une fois deux esclaves, reprit l'un des Arabes, et à grands frais, je les conduisis à Mogador. Ils m'avaient dit que leur consul les rachèterait, mais j'appris trop tard qu'ils n'avaient pas de consul en cette ville. Il me fallut les remmener, et je perdis toute la dépense du voyage.

— Étaient-ce des Anglais? demanda Jim.

— Non, des Espagnols.

— C'est ce que je pensais ; des Anglais eussent certainement été rachetés.

— Cela n'est pas certain, reprit le marchand. Les Anglais n'ont pas toujours un consul à Mogador pour payer la rançon de leurs compatriotes.

— Après tout, cela ne nous fait rien à nous, dit le frère de Bill : un des jeunes garçons que vous voyez là a un oncle, un riche marchand établi à Mogador, et il payera non-seulement pour lui, mais encore pour ses amis ; les trois jeunes gens sont des officiers de la marine anglaise ; leurs pères sont riches, tous sont de grands sheiks dans leur pays, et ils étudiaient pour être capitaines, quand leur vaisseau a échoué. L'oncle de l'un d'eux nous rachètera tous.

— Quel est celui qui a l'oncle riche ? » demanda l'un des Arabes.

Jim montra Harry Blount.

« Le voici, dit-il. Son oncle a de nombreux vaisseaux qui viennent chaque année à Sweara chargés de riches cargaisons.

— Quel est son nom ? »

Pour donner une apparence de vérité à son histoire, il fallait que les autres parlassent à leur tour. Jim se tourna vers Harry : — Master Blount, lui murmura-t-il, dites quelque chose, n'importe quoi.

— Pour l'amour de Dieu, persuadez-leur de nous acheter ! » s'écria Harry, obéissant à la requête qui lui était faite.

Jugeant nécessaire de donner aux Arabes un nom qui ressemblât aux paroles prononcées par Harry, Jim leur dit que le marchand anglais s'appelait : « Pour l'amour de Dieu, achetez-nous ! »

Après avoir répété cette phrase deux ou trois fois, les Arabes purent la prononcer à leur manière.

« Demandez au jeune homme, commanda l'un d'eux, s'il est sûr que le marchand « Pour l'Amour de Dieu » voudra vous racheter tous.

— Quand j'aurai fini de vous parler, souffla Jim à Harry, dites oui, faites un signe de tête, et alors prononcez quelques paroles.

— Oui ! s'écria Harry en faisant un signe affirmatif ; je crois que je commence à vous comprendre, Jim, tout va bien !

— Oui, répondit Jim en se tournant vers les Arabes ; le jeune homme dit que son parent payera notre rançon à tous. Nos amis lui rendront plus tard l'argent.

— Mais l'homme noir, demanda encore l'Arabe, ce n'est pas un Anglais ?

— Non, mais il parle anglais ; il a navigué sur des vaisseaux anglais, et il sera acheté avec nous. »

Les Arabes quittèrent alors nos aventuriers, en promettant de revenir le lendemain matin.

Après leur départ, Jim rapporta à ses compagnons toute sa conversation avec eux, et ils sentirent renaître un peu d'espoir.

« Dites-leur tout ce que vous voudrez, fit Harry, promettez tout ce qu'ils voudront ; car je pense que nous serons rachetés, bien que certainement je n'aie pas d'oncle à Mogador, et que j'ignore absolument s'il y a un consul anglais dans ce port.

— Aller à Mogador est notre seule chance de salut, dit Jim, et je voudrais ne jamais commettre de plus grand crime que celui de les tromper pour leur persuader de nous emmener. J'espère que ces marchands croiront faire une bonne spéculation, et s'il faut des mensonges pour les en convaincre, ils en auront. Et vous, continua-t-il en s'adressant au krooman, gardez-vous de leur laisser voir que vous parlez leur langue, autrement ils ne donneraient pas de vous un dollar. Quand ils viendront ici demain matin, causez avec nous en anglais, afin qu'ils soient bien persuadés que vous serez racheté aussi. »

Le lendemain matin les Arabes revinrent, et les esclaves,

sur leur désir, se levèrent et sortirent devant eux pour être mieux examinés.

Après s'être assuré que tous étaient en état de voyager, l'un des Arabes s'adressa à Jim :

« Nous allons vous acheter si vous nous montrez que vous n'essayez pas de nous tromper, et si vous acceptez nos conditions. Faites savoir au neveu du marchand anglais que nous exigeons pour la rançon de chacun de vous cent cinquante dollars espagnols. »

Jim fit cette communication à Harry, qui consentit immédiatement à la somme demandée.

« Quel est le nom de l'oncle? reprit l'un des Arabes; laissez le jeune homme nous le dire lui-même.

— Ils veulent savoir le nom de votre oncle, dit Jim en se tournant vers Harry; répétez celui que vous avez donné hier. Pourvu que vous ne l'ayez pas oublié !

— Pour l'amour de Dieu, achetez-nous ! » s'écria Harry.

Les Arabes se regardèrent avec une expression qui semblait dire : Tout va bien !

« Maintenant, reprit l'un d'eux, nous devons vous avertir de ce qui vous attend si, en arrivant à Mogador, nous nous apercevons que vous nous ayez trompés. Le jeune homme à l'oncle aura le cou coupé, et vous, vous retournerez au désert pour y subir un esclavage perpétuel. »

Jim rapporta les paroles de l'acheteur à Harry.

« Très-bien ! s'écria celui-ci en souriant de la menace. J'aime mieux cela que de rester esclave !

— Maintenant regardez le krooman, fit le frère de Bill, et ayez l'air de parler de lui. »

Harry suivit ce conseil et se tourna vers l'Africain.

« J'espère, dit-il, qu'ils achèteront le pauvre garçon et que nous pourrons faire payer sa rançon. Après tous les services qu'il nous a rendus, je serais fâché que nous fussions obligés de l'abandonner.

— Il consent à ce que vous tuiez le krooman si nous ne sommes pas rachetés, dit Jim aux Arabes; mais il ne veut pas promettre plus de cent dollars pour un nègre. Son oncle pourrait refuser de payer davantage. »

Pendant quelques minutes, les Arabes causèrent ensemble à voix basse, et l'un d'eux répliqua ensuite :

« C'est bien. Nous accepterons cent dollars pour le nègre, et maintenant apprêtez-vous à partir, nous nous mettrons en marche demain matin, à la pointe du jour. »

Les Arabes quittèrent alors les esclaves. Après leur départ, ceux-ci se livrèrent à leur joie; l'espoir de la liberté leur souriait de nouveau.

Le frère de Bill raconta toute sa conversation avec leurs nouveaux maîtres.

« Je connais si bien le caractère arabe, dit-il, que je n'ai pas voulu accepter toutes leurs conditions sans discuter un peu; autrement ils auraient pensé que nous les trompions. En outre, comme le krooman n'est pas sujet anglais, il peut réellement y avoir de grandes difficultés pour obtenir sa rançon; il valait donc mieux, en tout cas, stipuler le prix le plus modique possible. »

Avant la fin de la journée, on leur apporta un supplément de nourriture; à la façon copieuse dont ils étaient servis, ils jugèrent que le repas était aux frais de leurs nouveaux propriétaires, ce qui les fit bien augurer de l'avenir.

Ils s'endormirent et passèrent une nuit excellente, pour la première fois depuis leur naufrage.

LXVI

EN ROUTE.

Le lendemain matin, les Arabes amenèrent trois ânes sur lesquels il fut permis aux esclaves blancs de monter tour à tour pendant le voyage. Harry Blount, comme le neveu du riche marchand, fut plus favorisé. On lui donna un chameau.

Harry protesta inutilement contre une telle *élévation*. Les Arabes ne tinrent pas compte de ses remontrances, et quelques paroles de Jim les lui firent cesser.

« Ils pensent que nous devons être rachetés par votre riche parent; il ne faut donc rien faire qui éveille leurs soupçons, mais agir au contraire pour leur donner toute la confiance possible. D'ailleurs comme vous êtes la personne responsable, celle qui doit payer de sa vie notre mensonge, si nous ne trouvons pas d'argent, vous avez droit à une petite distinction, en compensation de votre surcroît d'anxiété. »

Le second krooman était aux champs lorsque la petite caravane se mit en route; il ne put dire adieu à son plus heureux compatriote.

Après avoir fait à peu près douze milles à travers une contrée fertile, les marchands arabes arrivèrent à un réservoir autour duquel ils établirent leur camp pour la nuit. L'eau était dans une pierre creusée, placée de manière à recevoir toute la pluie qu'y versait un mince filet d'eau.

Jim connaissait déjà cet endroit. Il apprit à ses compagnons que le réservoir avait été creusé par un homme dont la mémoire était très-respectée et qui était mort il y avait à peu près cent ans.

Durant la nuit, le krooman resté derrière entra dans le camp, espérant avoir échappé à ses maîtres. Le soir, il s'était caché derrière des meules de grains, et ensuite il avait pris le chemin suivi par les Arabes et les esclaves.

Mais il ne jouit pas longtemps de son rêve de liberté. Le lendemain, au moment où le kafila se remettait en marche, trois hommes apparurent montés sur des meharis : c'étaient Riaz Abdallah et deux autres Arabes.

Ils arrivaient en toute hâte pour reprendre le fugitif, et dans une grande fureur de l'embarras qu'il leur causait. Les midshipmen, ayant pitié du pauvre diable, persuadèrent aux marchands arabes de l'acheter; mais Riaz Abdallah refusa obstinément de le vendre à un prix raisonnable. Il prouva qu'il pouvait lui être très-utile aux champs, et demanda un prix si élevé que le krooman dut retourner en servitude avec son premier maître.

« Eh bien, n'avais-je pas raison? » demanda Jim à ses compagnons.

Ceux-ci reconnurent que non-seulement l'observation du frère de Bill était juste, mais encore que, sans sa fermeté et ses encouragements, ils auraient perdu courage comme le pauvre Africain, et qu'ils n'avaient rien fait pour améliorer leur sort.

Le lendemain, les marchands firent halte près d'un puits autour duquel un camp arabe très-considérable était déjà établi. Les troupeaux paissaient dans les plaines. Nos aventuriers eurent le loisir d'observer un peu les coutumes de ce peuple nomade, et, pour la première fois, ils virent faire le beurre suivant la méthode arabe.

Une peau de chèvre remplie de lait de chamelles, d'ânesses, de brebis et de chèvres, le tout mêlé ensemble, fut accrochée au portant d'une tente et agitée dans le même sens par un enfant jusqu'à ce que le beurre fût fait. Les femmes retirèrent alors le lait à l'aide de leurs doigts noirs.

Les Arabes prétendent être le premier peuple qui ait découvert l'art de faire le beurre. Le mérite est médiocre, car la nécessité de mettre le lait dans des peaux de chèvre et le balancement résultant du transport sur le dos des chameaux devait bien vite leur suggérer l'idée d'utiliser ainsi le lait.

On distribua aux esclaves, en cet endroit, quelques gâteaux d'orge et un peu de beurre. Il leur parut délicieux, malgré sa préparation peu ragoûtante.

Dans la soirée, les trois marchands, ainsi que plusieurs autres Arabes, s'assirent en cercle. Une pipe fut allumée;

chacun en tirait une longue bouffée et la repassait ensuite à son voisin.

Ils avaient pendant ce temps une conversation animée, dans laquelle le mot « Sweara », c'est-à-dire « Mogador », était souvent prononcé.

« Ils parlent de nous, dit Jim; il faut que nous sachions dans quel but. Je crains qu'il ne se passe quelque chose de fâcheux.

— Krooman, reprit-il, en s'adressant à l'Africain, ils ignorent que vous connaissez leur langue, couchez-vous près d'eux et feignez de dormir; mais ne laissez pas échapper un mot. Si je m'approchais d'eux, ils me chasseraient, moi. »

Le krooman fit semblant de chercher une place douce pour se coucher et s'étendit à côté des Arabes.

« J'ai été si souvent déçu de l'espoir d'obtenir ma liberté, dit Jim, que je n'espère plus y réussir jamais. Ces gens parlent de Mogador, et je n'aime pas leurs regards. Attention! Quel peut être leur but? Je crois que ces Arabes font des propositions à nos maîtres à notre sujet. S'il en est ainsi, que leur prophète les maudisse! »

LA CONVERSATION DES ARABES SE PROLONGEA
ASSEZ AVANT DANS LA NUIT.

LXVII

UN AUTRE MARCHÉ.

La conversation des Arabes se prolongea assez avant dans la soirée, et nos aventuriers attendirent impatiemment le retour du krooman.

Il vint enfin, et tous l'entourèrent pour apprendre ce qu'il avait entendu.

« J'en sais long, très-long, et rien de bon, dit-il.

— Quoi donc ?

— Deux d'entre vous doivent être vendus demain matin.

— Lesquels ?

— Je ne sais. »

Le krooman leur dit ensuite que l'un des nouveaux Arabes était un éleveur de bestiaux, qu'il possédait de riches troupeaux et qu'il revenait depuis peu de Sweara. Il avait assuré aux marchands qu'ils n'obtiendraient pas un grand prix de leurs esclaves dans cette ville, et qu'ils ne pourraient couvrir les dépenses d'un aussi long voyage. Il ajouta que jamais un consul chrétien ou un marchand étranger à Mogador ne voudrait payer un dollar de plus pour racheter six esclaves que pour deux ou trois ; ils n'étaient pas toujours disposés à acheter, et, lorsqu'ils achetaient un esclave, ils considéraient plus le temps et la dépense qu'avait coûtés le voyage que la valeur de l'homme.

Ces réflexions avaient déterminé les marchands à vendre deux de leurs esclaves à l'éleveur; celui-ci devait faire son choix dès le matin.

« Je pensais bien qu'il y avait quelque brisant là-bas, hier soir, dit Jim ; mais nous ne devons consentir à nous séparer que pour la liberté ou la mort. Il faut que nos maîtres nous emmènent tous à Mogador: il y a certainement encore des souffrances à supporter; soyons fermes et nous les surmonterons : la volonté nous a déjà sauvés une fois. »

Tous promirent de se laisser guider par lui, et, après quelques instants, ils dormaient d'un profond sommeil, étendus les uns à côté des autres.

Le lendemain matin, pendant qu'ils prenaient leur déjeuner, nos aventuriers furent visités par l'éleveur.

« Quel est celui qui parle arabe ? » demanda-t-il aux marchands.

Jim fut désigné et immédiatement choisi pour l'un des deux qui devaient être achetés.

« Dites-leur de m'acheter aussi, frère, dit Bill ; nous devons faire voile ensemble, bien que je regrette d'être séparé des jeunes gentlemen.

— Nous ferons notre possible pour parer à cela, répondit Jim ; seulement nous aurons à souffrir. Montrons-nous de vrais diables, c'est notre seule chance. »

L'éleveur choisit ensuite Térence.

Les marchands allaient conclure le marché quand ils furent interpellés par Jim.

Il leur assurait que lui et ses compagnons étaient déterminés à mourir plutôt qu'à se séparer ; qu'aucun d'eux ne consentirait à faire aucun travail, tant qu'ils seraient en esclavage, et qu'ils étaient tous résolus à aller à Sweara.

Les Arabes ne firent que sourire de cette déclaration et continuèrent de débattre leur marché.

Jim essaya d'en appeler à leur cupidité, disant au marchand que l'oncle « Pour l'amour de Dieu, achetez-nous » lui donnerait un bien meilleur prix que l'éleveur.

Mais rien ne le persuada, et il fut, ainsi que Térence, conduit à ses nouveaux maîtres.

Les marchands ordonnèrent aux quatre autres esclaves de les suivre.

Harry Blount, Colin et Bill leur répondirent en s'asseyant tranquillement sur le sable.

Un autre commandement leur fut répété d'une voix menaçante.

« Obéissez, leur dit Jim ; maître Térence et moi nous vous suivrons : nous nous chargeons de l'assaut. Ils ne me retiendront pas vivant ici ! »

Colin et Bill montèrent chacun un âne, et Harry se hissa sur le chameau. Les marchands arabes parurent très-satisfaits de l'obéissance de leurs esclaves.

Jim et Térence essayèrent de les suivre; mais leurs nouveaux maîtres étaient préparés à cela, et, sur un mot d'eux, plusieurs Arabes les saisirent et les attachèrent solidement.

Harry, Colin et Bill tournèrent bride, descendirent de leurs montures et montrèrent leur détermination de rester avec leurs compagnons en s'asseyant sur le gazon.

« Ces chiens de chrétiens ne désirent pas avoir leur liberté! s'écria un des marchands. Par Allah! qui aurait supposé que nous serions obligés de les forcer à l'accepter? Qui les achètera maintenant? »

Ces paroles renversèrent tous les plans de Jim. Il vit qu'il privait ses compagnons de la seule occasion qu'ils eussent d'échapper à l'esclavage.

« Allez! partez! s'écria-t-il, ne résistez plus. Il est possible qu'ils vous conduisent à Mogador; ne rejetez pas cette chance.

— Nous ne vous abandonnerons pas, repartit Bill, même pour la liberté! moi du moins, ôtez-vous cela de la tête.

— Certainement, nous ne vous quitterons pas, à moins que nous n'y soyons contraints, ajouta Harry. N'avez-vous pas dit que nous devions rester ensemble?

— N'avez-vous pas tous promis de vous laisser guider par moi? demanda Jim; je vous répète maintenant de ne plus résister. Suivez-les; il le faut!

— Jim sait ce qu'il fait, reprit Colin, obéissons-lui. »

Harry et Bill se laissèrent persuader, non sans répugnance, à regrimper sur leurs montures; mais, au moment où ils allaient s'éloigner, ils furent rappelés par

Jim qui leur dit de ne pas le quitter, que tous devaient persévérer dans leur résolution de ne pas se laisser séparer.

« Il est décidément devenu fou, pensa Harry en se rendant à cet avis. Nous ferons bien de prendre les rênes du gouvernement; mais nous ne devons pas laisser Térence derrière nous; nous ne pouvons l'abandonner. »

Tous les trois retournèrent donc auprès de leurs camarades et s'assirent à côté d'eux sur le sable.

Ce brusque revirement dans les conseils de Jim venait d'une conversation qu'il avait entendue entre les Arabes.

LXVIII

NOUVELLES TORTURES.

Voyant les marchands disposés à les vendre plutôt que d'avoir des embarras avec eux, Jim n'avait pas voulu priver son frère et les autres de leur seule chance d'obtenir leur liberté. Mais, juste au moment où ils s'éloignaient tranquillement sur son avis, il entendit que l'homme qui les avait achetés, lui et Térence, ainsi que les autres Arabes présents, refusaient d'acquérir d'autres esclaves.

Pour se défaire d'eux, les marchands devaient donc les emmener plus loin

L'espoir revint à Jim qu'en résistant aux désirs de ses derniers maîtres, lui et Térence pourraient être encore rachetés et conduits à Mogador.

C'est pour cette raison qu'il rappela ses compagnons.

Quelques mots suffirent pour expliquer la situation à

Colin et à Harry, et ils promirent encore de résister à tout ordre qui aurait pour but de les séparer.

Les Arabes jurèrent, maudirent en vain. Les coups suivirent les menaces. Harry, auquel ils avaient jusqu'alors montré un certain respect, fut battu jusqu'à ce que ses minces vêtements fussent trempés de sang.

Jim et Térence leur conseillèrent alors, pour la troisième fois, de céder ; mais Harry déclara sa résolution de ne pas abandonner son vieux camarade Colin, et Bill resta invulnérable à toutes les tortures, ainsi que le krooman.

Comprenant que toutes ses supplications seraient désormais inutiles pour persuader à ses compagnons de partir, Jim voulut tenter un appel à ses derniers maîtres.

« Rachetez-nous et emmenez-nous tous à Sweara, ainsi que vous l'aviez promis, et nous vous suivrons avec joie ; comme auparavant, je vous répète que vous serez bien payés pour vos peines. »

L'un des marchands, ébranlé, offrit d'acheter à son compte personnel Jim et Térence ; mais leur nouveau maître ne voulut pas les revendre.

Une foule d'hommes, de femmes et d'enfants s'étaient rassemblés autour d'eux, et de tous côtés on entendait les mots : « Tuez-les, ces entêtés chiens de chrétiens ! comment osent-ils résister à la volonté des vrais croyants ? »

Cet avis était donné par ceux qui n'avaient aucun intérêt dans la question ; mais les marchands ne se souciaient nullement de satisfaire leur colère aux dépens de leurs bourses.

Une seule manière s'offrait de sortir de la difficulté :

c'était de séparer les esclaves par la force, d'emmener les quatre qui leur appartenaient et de laisser les deux autres à ceux qui ne voulaient point revenir sur leur marché.

Les assistants furent donc priés de se mêler de l'affaire. On saisit Harry, bon gré mal gré, et on le hissa sur le dos du chameau, auquel il fut solidement attaché.

On procéda de même avec Colin, Bill et le krooman. On les attacha sur leurs ânes et on leur lia les pieds sous le ventre de l'animal.

Les marchands s'assurèrent alors, au moyen d'une petite somme, l'aide de quelques Arabes pour garder les esclaves jusqu'à la frontière du Maroc, à une distance de deux journées.

Au moment du départ, l'un des marchands parla ainsi à Jim :

« Dites au jeune homme, le neveu du riche « Pour l'amour de Dieu, achetez-nous », que puisque nous partons pour Sweara dans la croyance que son histoire est vraie, nous l'y conduirons maintenant de force, et que si d'une façon quelconque il nous a déçus, il mourra certainement.

— Il ne vous a pas trompés, dit Jim; emmenez-le, et vous en serez certainement récompensés.

— Alors pourquoi ne venaient-ils pas de bonne volonté ?

— Parce qu'ils ne voulaient pas se séparer de leurs amis.

— Chiens d'ingrats! Ne devaient-ils pas être reconnaissants de leur bonne fortune ? Nous prennent-ils pour des esclaves, qu'ils veuillent nous faire faire leurs volontés ? »

Pendant ce temps, les deux autres marchands avaient conduit leurs chameaux sur le chemin, et, une minute après, Harry Blount et Colin se séparaient de leur camarade Térence, sans espoir de le revoir jamais.

LXIX

UN ESPOIR DÉÇU.

Pendant la première heure de leur voyage, Harry, Colin et Bill furent emportés par leurs montures sur lesquelles ils étaient liés. Ce mode de transport leur parut si désagréable, qu'ils prièrent le krooman d'informer leurs maîtres qu'ils étaient résignés à les suivre sans résistance, si on les déliait. Jusque-là l'Africain n'avait jamais adressé la parole aux Arabes.

Il reçut quelques coups et de nombreuses malédictions, puis on délia les esclaves que l'on fit passer à la tête de la caravane. Les deux hommes loués pour les garder ne les perdaient pas de vue.

Vers une heure assez avancée de la nuit, les voyageurs arrivèrent devant un mur élevé entourant un petit village.

On fit entrer les esclaves, on ferma la porte derrière eux, et leurs maîtres, délivrés de toute inquiétude à leur sujet, acceptèrent l'hospitalité du sheik qu'ils suivirent dans sa maison, après avoir recommandé qu'on leur donnât à manger.

On leur servit un copieux repas, consistant en pain d'orge et en lait, après quoi ils furent conduits dans une étable où ils passèrent une partie de la nuit à se battre contre les puces.

Jamais aucun d'eux n'avait encore rencontré des insectes de cette grosseur et d'un appétit si enragé.

Ils finirent par s'endormir, fatigués de corps et d'esprit, et ne se réveillèrent que tard le lendemain matin, lorsqu'un Arabe leur apporta leur déjeuner.

Le soleil était déjà haut dans le ciel. Pourquoi n'avait-on pas encore ordonné le départ? Ils pressentirent quelque nouvel empêchement. Les heures se passèrent, et leurs maîtres ne parurent pas.

Ils se mirent à chercher dans la plus grande anxiété quel pouvait être le motif de ce retard; les marchands ayant exprimé leur intention de les conduire à Mogador le plus vite possible, ce délai présageait de nouveaux obstacles ; ils se sentaient encore menacés dans leur plus cher espoir.

Tous leurs doutes furent expliqués avant la fin de la journée par leurs maîtres.

Ils dirent au krooman qu'Harry les avait trompés, que le sheik dont ils avaient reçu l'hospitalité connaissait parfaitement Sweara, et tous les habitants étrangers, et qu'il leur avait assuré qu'aucun marchand du nom de « Pour l'amour de Dieu, achetez-nous », n'existait dans cette ville.

« Nous ne vous tuerons pas, dit l'un des Arabes à Harry, car nous n'avons pas eu la peine de vous conduire jusqu'à la fin du voyage, et en outre nous nous nuirions à nous-mêmes, mais nous vous remmènerons aux confins du désert, et là nous vous vendrons pour ce que vous valez. »

Harry pria le krooman de répondre qu'il avait librement engagé son existence comme preuve de la vérité de son histoire, et il affirmait de nouveau avoir un ami riche à Mogador, qui les rachèterait tous ; mais qu'au cas où son oncle ne serait pas dans la ville quand ils y arriveraient, cela ne ferait aucune différence, puisque leurs rançons seraient certainement payées par le consul anglais. « Dites-leur, ajouta Harry, que s'ils nous mènent à Mogador, et que nous ne soyons pas rachetés, je leur offre bien volontiers ma vie ; je mourrai de bon cœur, alors : mais qu'ils ne nous vendent pas avant de s'être assurés si nous les avons trompés ; ils se feraient tort en même temps qu'à nous, en ajoutant foi aux paroles d'un étranger. »

Les marchands avaient appris que les esclaves amenés du désert dans l'empire du Maroc pouvaient réclamer la protection de ce gouvernement, chose qu'ils faisaient souvent ; ils étaient alors mis en liberté sans avoir à payer de rançon, et ceux qui avaient eu la peine de les amener se trouvaient obligés de s'en retourner, n'ayant pas même un remercîment pour leurs peines.

L'un des marchands, appelé Bo Muzem, paraissait cependant assez disposé à écouter favorablement les protestations d'Harry, mais il en fut empêché par les autres ; ainsi toutes les assurances du jeune Anglais sur la richesse de ses parents dans sa patrie, sur sa valeur à lui et à ses camarades comme officiers de marine, n'eurent pas le moindre succès.

Les Arabes partirent enfin, laissant Harry et Colin dans le désespoir. Bill et le krooman semblaient devenus indifférents à tout. La perspective de retourner dans le désert leur avait ôté jusqu'à la faculté de sentir et de penser. Le vieux marin, toujours prêt à exprimer ses sentiments avec énergie, restait sans force même pour maudire leurs ennemis communs.

LXX

EL HAJI.

Le second soir de leur séjour dans la ville, à une heure assez avancée, deux voyageurs frappèrent à la porte et demandèrent à entrer.

L'un deux ayant donné son nom, on montra aussitôt un grand empressement à le recevoir.

Les marchands veillèrent tard dans la nuit en compagnie de ces étrangers et du sheik de la ville ; cela ne les empêcha pas cependant d'être levés le lendemain au point du jour pour s'occuper des préparatifs du départ.

On donna à déjeuner à nos aventuriers, en leur recommandant de se hâter pour aider à équiper les animaux.

Ils apprirent alors qu'ils retournaient au Sahara où ils allaient être vendus.

« Que ferons-nous? demanda Colin à ses compagnons, préférez-vous la mort à l'esclavage? »

Aucun ne répondit. Le désespoir était le plus fort.

Les marchands furent obligés de préparer eux-mêmes les animaux. Juste au moment où ils allaient employer quelque argument irréfutable pour contraindre leurs victimes à se mettre en route, on vint leur dire que El Haji (le pèlerin) voulait parler aux chrétiens.

Quelques instants après, on vit approcher l'un des étrangers arrivés la veille.

C'était un grand vieillard à l'aspect vénérable, avec une longue barbe blanche tombant sur sa poitrine.

Ayant accompli le pèlerinage de la Mecque, il avait droit au respect et à l'hospitalité de tout bon musulman.

Par l'entremise du krooman il adressa plusieurs questions aux esclaves, et il parut très-touché de leurs réponses.

Il apprit d'eux le nom du navire qui les avait amenés, le temps qu'ils avaient passé en esclavage, leurs souffrances et leurs déceptions.

Harry lui dit que Colin et lui avaient leur père et leur mère, des frères et des sœurs, qui devaient les pleurer comme morts ; que lui et ses compagnons étaient sûrs d'être rachetés, si on les emmenait à Mogador. Il ajouta que leurs maîtres présents s'étaient engagés à les y conduire, et refusaient maintenant de remplir leur promesse, par crainte de n'être point récompensés de leurs peines.

« Je veux faire tout ce qui sera en mon pouvoir pour vous aider, répondit El Haji, après que le krooman lui eut rapporté les paroles d'Harry; j'ai contracté une dette de reconnaissance envers l'un de vos compatriotes, et je la payerai ainsi, si je puis. J'étais malade au Caire et mourant de faim, lorsqu'un officier anglais, appartenant à la marine, me donna une pièce d'or. Cet argent me sauva la vie, je pus continuer mon voyage et revoir mes parents et mes amis. Nous sommes tous les enfants du vrai Dieu, et c'est notre devoir de nous aider les uns les autres. Je vais causer avec vos maîtres. »

Le vieux pèlerin se tourna alors vers ces derniers.

« Mes amis, leur dit-il, vous avez promis à ces esclaves chrétiens de les conduire à Sweara où ils peuvent être rachetés. Ne craignez-vous point Dieu, que vous tenez si peu de compte de vos engagements ?

— Nous pensons qu'ils nous ont trompés, répondit l'un des marchands, et nous craignons de les emmener au Maroc où ils peuvent nous être repris sans rançon. Nous sommes pauvres, et déjà nous avons beaucoup dépensé pour ces esclaves. Nous n'avons pas le moyen de les perdre.

— Vous n'avez aucune crainte de cette espèce à avoir, répliqua le vieil Arabe; ils appartiennent à une nation qui ne laisse pas ses sujets en esclavage. Pas un marchand anglais ne refusera de les racheter; celui qui ferait cela n'oserait jamais retourner dans son pays. Vous ne pouvez mieux faire pour vos intérêts que de les mener à Sweara.

— Mais ils n'ont qu'à en appeler au gouverneur une fois là, et nous serons renvoyés de la ville sans un sou. Cela s'est déjà vu souvent. Le sheik, ici, connaît un marchand qui a été traité ainsi. Il perdit tout, tandis que le gouverneur garda la rançon et la mit dans sa poche. »

El Haji ne trouva point de réponse à cet argument, mais il tourna la difficulté.

« Ne les emmenez au Maroc, dit-il, que lorsque vous

aurez été payés. Deux d'entre vous peuvent rester ici avec eux, tandis que le troisième ira à Sweara avec une lettre de ce jeune homme à ses amis. Vous n'avez encore aucune preuve qu'il veuille vous tromper, et alors vous n'avez pas d'excuse pour manquer à votre promesse. Portez une lettre à Sweara, et si vous ne recevez pas d'argent, vous aurez le droit de les retenir et d'agir avec eux comme vous voudrez, et le tort n'en sera pas à vous. »

Bo Muzem, le plus jeune des marchands, approuva immédiatement la proposition du pèlerin, et parla énergiquement pour la soutenir.

Il ne fallait qu'une journée, dit-il, pour se rendre à Agadeez, ville frontière de l'empire du Maroc, et Sweara pouvait être gagné en trois jours.

Les deux autres se consultèrent quelques minutes, et déclarèrent ensuite qu'ils adoptaient l'avis d'El Haji. Bo Muzem porterait à Sweara la lettre d'Harry à son oncle.

« Avertissez le jeune homme, dit un des marchands à l'interprète, avertissez-le de ma part que si la rançon n'est pas payée, il mourra certainement au retour de Bo Muzem. »

Le krooman traduisit ces paroles, et Harry, sans hésiter, en accepta les conditions.

Une feuille de papier sale, une plume rouillée et un peu d'encre furent apportés à Harry. Tandis qu'il écrivait, Bo Muzem se préparait au départ.

Sachant que leur seule chance de salut était de faire connaître leur situation à quelque compatriote habitant Mogador, Harry prit la plume et parvint, non sans difficulté, à tracer ces lignes :

« Monsieur, deux midshipmen de S. M. B. (naufragés il y a quelques semaines près du cap Blanco), et deux marins, sont en ce moment retenus en esclavage dans une petite ville à une journée de Agadeez. Le porteur de ce billet est un de nos maîtres. Son voyage à Mogador a pour but de savoir si nous serons rachetés. S'il ne trouve personne qui veuille faire notre rançon, celui qui vous écrit doit être tué à son retour. Si vous ne pouvez pas, ou ne voulez pas payer l'argent fixé pour notre délivrance (cent cinquante dollars pour chacun de nous), veuillez indiquer au porteur quelqu'un que vous jugiez disposé à donner cette somme.

« Un autre midshipman et un autre marin, du même vaisseau, sont aussi retenus en esclavage à une journée sud de cette ville.

« Peut-être le porteur de cette lettre, Bo Muzem, se chargerait-il de les racheter, s'il avait l'assurance de recevoir aussi une rançon pour eux.

« HARRY BLOUNT. »

Le jeune Anglais adressa son billet : « A un marchand anglais à Mogador. »

Bo Muzem était prêt. Avant de s'éloigner, il fit redire à Harry que si son voyage à Sweara n'avait point de succès, rien que la mort du jeune chien chrétien pourrait lui compenser son désappointement.

Il partit ensuite, promettant d'être de retour au bout de huit jours.

LXXI

LE VOYAGE DE BO MUZEM.

Bien que marchand arabe, Bo Muzem était un honnête homme. Il poursuivit sa route vers Mogador avec une médiocre confiance dans l'histoire racontée par le jeune Anglais. Il avait plus de foi dans l'opinion exprimée par le sheik, que dans celle du pèlerin; mais il entreprenait surtout ce voyage par un sentiment de devoir. Après la promesse faite aux esclaves, il trouvait juste, avant de refuser de les conduire à Mogador, de s'assurer qu'ils ne seraient point rachetés.

Il se pressa donc pour arriver. Ayant traversé l'Atlas, il atteignit le soir du troisième jour une petite ville entourée de murs, à trois heures de distance du fameux port de mer de Mogador.

Il s'arrêta là, voulant y passer la nuit, pour se remettre en marche, dès le lendemain matin.

En entrant dans la ville, il se trouva face à face avec un visage de connaissance.

C'était l'éleveur de bestiaux à qui, peu de jours auparavant, il avait vendu Térence et Jim.

« Ah! mon ami, tu m'as ruiné, s'écria celui-ci dès qu'il le vit. J'ai perdu ces deux fainéants de chrétiens que je t'ai achetés; je suis un homme ruiné! »

Bo Muzem lui demanda de s'expliquer.

« Après ton départ, dit l'éleveur, j'essayai d'obtenir un peu de travail de ces infidèles, mais ils ne voulurent pas m'obéir, et je crois qu'ils seraient morts plutôt que de se rendre utiles. Comme je suis pauvre, je ne pouvais les garder sans les occuper, ni me donner le luxe de les tuer, ce dont j'avais cependant bien envie. Le lendemain du jour où tu partis, je reçus un avis de Sweara, où j'étais prié de me rendre immédiatement pour affaire d'importance; pensant que peut-être je rencontrerais en cette ville quelque fou de chrétien qui voudrait faire quelque chose pour deux compatriotes, je les emmenai avec moi.

« Ils m'assurèrent que si je voulais les conduire devant un consul anglais, celui-ci donnerait une forte rançon. Nous entrâmes dans Mogador et nous nous présentâmes à la maison du consul; alors les chiens de chrétiens me dirent qu'ils étaient libres, et me défièrent de les faire sortir de la ville. Je ne pus obtenir une piastre pour ma peine et pour mes dépenses. Le gouverneur de Sweara et l'empereur du Maroc sont en termes d'amitié avec le gouvernement des infidèles, et eux aussi détestent les Arabes du désert. Il n'y a pas de justice à Mogador pour nous. Si vous conduisez vos esclaves dans la ville, vous êtes sûr de les perdre.

— Je ne les y emmènerai point, répliqua Bo Muzem, à moins d'être certain d'être payé.

— Vous ne le serez jamais à Sweara. Leur consul ne donnera pas un dollar, mais il essayera de les délivrer d'une autre manière.

— Mais j'ai une lettre de l'un des esclaves, pour son oncle, un riche marchand établi à Sweara, et qui fournira l'argent.

— Le chien vous a menti. Il n'a pas d'oncle ici, et je vous en convaincrai bientôt si vous voulez. Il y a justement dans ce village un Juif de Mogador qui connaît tous les marchands infidèles de la cité, et il comprend aussi les langues qu'ils parlent. Faites-lui voir la lettre. »

Bo Muzem, impatient de savoir la vérité, accepta avec empressement cette proposition, et, accompagné de l'éleveur, il se rendit à la maison habitée par le Juif.

Ce dernier, en prenant la lettre de Harry, répondit à la question de l'Arabe pour savoir à qui elle était adressée :

« A un marchand anglais à Mogador. »

— Bismillah! s'écria Bo Muzem; tous les marchands anglais ne peuvent être les oncles du jeune chien qui écrit cette lettre! Dites-moi, reprit-il, si vous avez entendu parler d'un riche infidèle du nom de « Pour l'amour de Dieu, achetez-nous? »

Le Juif retint avec peine un immense éclat de rire; puis il expliqua à l'Arabe la véritable signification du nom du prétendu marchand.

« Cela me suffit, dit Bo Muzem, je n'irai pas plus loin, je repars immédiatement : le chien qui s'est moqué de nous sera mis à mort, et nous vendrons ses deux compagnons, à n'importe quel prix. »

Le lendemain matin, Bo Muzem repartit pour les tentes; l'éleveur, que ses affaires appelaient, dit-il, dans la même direction, l'accompagnait.

« J'ai l'intention, s'écria celui-ci pendant la route, d'acheter les premiers esclaves chrétiens que je rencontrerai.

— Bismillah! reprit Bo Muzem, comment cela se fait-il? Vous disiez avoir été ruiné par votre dernier marché!

— En effet, répondit l'éleveur, et c'est justement pour cette raison. Je veux racheter des infidèles pour avoir l'occasion de me venger des autres. Les esclaves blancs que j'aurai maintenant mourront à la peine, tant je les accablerai de travail.

— Eh bien, nous avons votre affaire, reprit Bo Muzem. Nous avons les deux camarades du chien que j'ai juré de tuer par la barbe du prophète. Excepté celui-là, nous serons tout disposés à vous céder les autres. »

L'éleveur offrit dix dollars et quatre chevaux pour chacun des esclaves, ce qui fut accepté par son compagnon de route.

Bo Muzem s'était laissé « jouer ; » l'histoire de la fuite des deux esclaves Térence et Jim était complétement fausse.

LXXII

RAIS MOURAD.

Six jours se passèrent durant lesquels les esclaves blancs furent comparativement bien traités. Ils n'eurent du moins à souffrir ni de la faim ni de la soif.

Au bout de ce temps, leurs maîtres vinrent les visiter en compagnie d'un étranger maure.

Ce dernier leur commanda de se lever, et les examina tour à tour avec une attention qui semblait indiquer le désir de les acheter.

Le nouveau venu portait un caftan richement brodé sur la poitrine et sur les manches, fixé autour de sa taille par une ceinture, et de larges bottes en maroquin. Il avait pour coiffure un turban de soie écarlate.

A en juger par le respect que lui témoignaient les marchands, c'était un personnage important. Il avait d'ailleurs une suite nombreuse, et tous ses hommes montaient de magnifiques chevaux arabes.

Le Maure se retira ensuite, et peu d'instants après, les Arabes revinrent dire aux esclaves qu'ils étaient devenus la propriété de cet individu.

L'espoir de la liberté, si chèrement bercé par nos aventuriers depuis quelques jours, s'évanouit à cette nouvelle. Ils restèrent d'abord muets de surprise et de déception.

« Allons trouver nos maîtres, les marchands, s'écria Harry, allons leur dire qu'ils ne nous vendront pas ! Venez tous ! suivez-moi ! »

Le jeune Anglais se précipita dehors, suivi de ses compagnons. Il se rendit à la demeure du sheik. Tous étaient au comble de l'exaspération.

« Pourquoi nous avez-vous vendus ? s'écrièrent-ils lorsqu'ils se trouvèrent en présence des marchands. Avez-vous encore oublié vos promesses ? L'un de vous n'est-il pas en route pour aller chercher notre rançon ?

— Supposons, répondirent les Arabes, que Bo Muzem trouve à Mogador un homme disposé à payer pour vous, quel prix doit-il donner ?

— Cent dollars pour moi, répondit le krooman, et cent cinquante pour chacun de mes camarades.

— En effet, et, à ces conditions, nous devons vous mener à Sweara et subvenir à toutes les dépenses de la route ?

— Oui.

— Bien. Mais Mourad, ce riche Maure, vous a achetés cent cinquante dollars chacun ; ne serions-nous pas fous de vous emmener à Mogador pour le même prix ? Encore nous pourrions bien ne rien recevoir du tout. L'affaire est conclue avec Rais Mourad ; vous lui appartenez désormais. »

Les midshipmen, en recevant cette réponse, virent que leur sort était définitivement entre les mains du Maure. Ils prièrent le krooman de s'informer de la direction que le nouveau maître comptait suivre.

Sur ces entrefaites, il leur fut commandé de rentrer dans leur étable, et d'y prendre à la hâte leur repas ; Bill déclara qu'il n'avait plus le courage de manger.

« Ne vous chagrinez pas, Bill, dit Harry ; il y a encore un peu d'espoir.

— Je ne vois pas de quel côté, s'écria Colin.

— Si nous changeons constamment de maîtres, nous pouvons enfin en trouver un qui nous conduise à Mogador.

— C'est là sur quoi repose tout notre espoir ? dit Colin d'un ton désappointé.

— Songez à mon pauvre frère, dit le vieux marin ; n'a-t-il pas eu cinquante maîtres ? et pourtant il n'est pas libre encore, et ne le sera jamais probablement.

— Nous soumettrons-nous à notre nouveau propriétaire ? demanda Colin.

— Oui, dit Harry, mon dos est à vif à force d'avoir été battu. Pour s'exposer à de nouveaux coups, il faut s'assurer si la résistance peut nous être utile. »

Rais Mourad, voulant que son voyage pût s'effectuer rapidement, avait acheté quatre chevaux pour ses esclaves. Pendant qu'on harnachait leurs montures, ils tâchèrent de s'enquérir de la route qu'on se proposait de suivre, mais toute la réponse qu'ils obtinrent fut celle-ci :

« Dieu le sait, et veut que vous l'ignoriez. Comment consentirions-nous à vous le dire? »

Au moment où le Maure et sa troupe allaient s'éloigner, Bo Muzem, en compagnie de l'éleveur, se faisait ouvrir les portes de la ville.

LXXIII

LE RETOUR DE BO MUZEM.

A la vue de Bo Muzem, les esclaves blancs se précipitèrent au-devant de lui.

« Demandez-lui, s'écria Harry en s'adressant au krooman, si notre rançon sera payée, si nous sommes libres, enfin !

— Ici ! ici ! interrompit Bill en saisissant le bras de l'Africain et en lui indiquant l'éleveur, sachez ce que sont devenus mon frère Jim et maître Térence. »

Le krooman n'eut pas le loisir d'obéir ni à l'un ni à l'autre, car, en apercevant les midshipmen, Bo Muzem donna cours à toute sa colère.

« Chiens ! menteurs ! vociférait-il, que les femmes et les enfants s'assemblent et que tous soient témoins de la punition d'un chien d'infidèle qui a osé tromper Bo Muzem ! »

Mais à ce moment d'autres voix couvrirent celle du marchand; c'étaient ses collègues qui lui apprenaient que les esclaves blancs ne leur appartenaient plus.

Si Harry Blount eût été excepté de la vente faite au Maure, Bo Muzem en eût été enchanté; mais se voir frustré de sa vengeance l'exaspéra au dernier point. Il déclara qu'on n'avait pas le droit de vendre les esclaves en son absence, puisqu'ils lui appartenaient au même degré que les autres.

Mais Mourad arriva sur cette discussion; il se mit promptement au fait de ce qui se passait, et il ordonna à ses serviteurs d'entourer les blancs, et de les faire partir immédiatement.

Ceux-ci étaient déjà à cheval, ils obéirent et laissèrent Bo Muzem fou de colère. Un seul homme sympathisait avec lui, l'éleveur avec lequel il avait traité de l'achat des esclaves.

Ce dernier s'avança vers le Maure et lui déclara que les esclaves avaient été achetés par lui le jour précédent; il se plaignit amèrement d'avoir été frustré de son marché, et menaça d'amener deux cents hommes s'il le fallait pour s'assurer de sa propriété.

Mais Mourad ne fit aucune attention à ses réclamations, et, bien que la nuit fût venue, il ordonna à sa troupe de prendre la route d'Agadeez.

En se retournant, il vit l'éleveur partir au galop dans la direction opposée.

« J'aurais voulu avoir par cet homme des nouvelles de Jim et de Térence, dit Colin, mais il est trop tard maintenant.

— Oui, trop tard, répéta Harry. Quel malheur que ce ne soit pas lui qui nous ait rachetés, nous aurions tous été réunis.

— Et moi, je ne m'en afflige pas, repartit Colin. Il y a quelques instants nous étions désespérés d'avoir été cédés au Maure, et cependant c'est ce qui a sauvé la vie à Harry.

— Bill, à quoi rêvez-vous? demanda le jeune Écossais au marin.

— A rien, je ne veux plus ni rêver ni penser.

— Nous sommes sur la route de Sweara, dit le krooman en se tournant vers eux.

— C'est vrai? s'écria Harry, irions-nous donc à Mogador, après tout?

— Que nous importe, puisque Bo Muzem n'a trouvé personne pour payer notre rançon, interrompit Colin.

— Il n'a pas été à Mogador, dit le krooman, il n'en a pas eu le temps.

— Je crois que l'Africain a raison, reprit Harry; il faut, nous a-t-on assuré, quatre jours pour y aller, et il est revenu au bout de six à peine. »

La conversation de nos aventuriers fut interrompue par les Maures, qui leur enjoignaient à chaque instant de presser l'allure de leurs chevaux.

La nuit devint très-sombre. Bill était, comme il le disait, « incapable de conduire une embarcation de terre; » il pouvait à grand'peine se maintenir sur son cheval. Vers minuit, il mit pied à terre en refusant d'aller plus loin; il déclara qu'il ne voulait point se briser le cou, ce qui arriverait infailliblement s'il remontait sur « l'embarcation. »

On communiqua ces paroles à Rais Mourad, qui fut d'abord dans une grande colère.

Il se calma en apprenant que l'un des esclaves savait parler arabe.

« Vous et vos compagnons, désirez-vous votre liberté? demanda-t-il lui-même au krooman.

— C'est notre plus cher espoir.

— Eh bien, dites à cet homme que la liberté n'est pas ici, mais avec moi; qu'il me suive sans retard. »

Le krooman traduisit ces mots à Bill.

« Je ne veux plus entendre parler de liberté, répondit celui-ci; j'en ai assez de leurs promesses et de leurs mensonges. »

Ni les prières ni les menaces ne purent persuader le marin d'avancer.

Rais Mourad donna alors l'ordre de faire halte, disant qu'on se reposerait le reste de la nuit en cet endroit.

LXXIV

LA POURSUITE.

Au point du jour, on se remit en route. Le soleil se leva bientôt, et, sur une haute colline, à environ quatre lieues, on aperçut les murs blancs de la ville de Santa-Cruz, ou Agadeez, ainsi que l'appellent les Arabes.

La cavalcade s'avançait vers une plaine fertile, tachetée çà et là de petits villages entourés de plantations de vignes et de dattiers.

On fit halte devant une de ces bourgades, et l'on fut admis dans ses murs.

Nos aventuriers ayant cherché l'ombre de quelques dattiers, s'assirent, et ne tardèrent pas à s'endormir profondément.

Trois heures après, on les réveillait pour leur servir leur déjeuner, qui consistait en gâteaux d'orge et de miel.

Vers la fin de leur repas, Rais Mourad entra en conversation avec le krooman.

« Que dit le Maure ? demanda Harry.

— Qu'il nous mènera à Sweara, au consul anglais, si nous promettons de bien nous conduire.

— Répondez que nous nous y engageons et qu'il sera bien payé. »

Le Maure répliqua qu'il voulait une promesse écrite de la somme qui lui serait remise. Il exigeait deux cents dollars pour chacun.

Rais Mourad prit une plume et écrivit lui-même les termes de l'engagement en arabe. Il ordonna ensuite au krooman de le traduire à ses compagnons mot par mot ; celui-ci obéit et lut :

« Au consul anglais.

« Nous sommes quatre esclaves chrétiens. Rais Mourad nous a achetés aux Arabes. Nous promettons de lui donner deux cents dollars pour chacun de nous, c'est-à-dire huit cents dollars pour nous quatre, s'il nous conduit devant vous.

« Veuillez le payer sans tarder. »

Harry et Colin signèrent sans la moindre hésitation. Bill prit le papier et se prépara solennellement à tracer son paraphe ; sa main oscilla de côté et d'autre quelques minutes, et ayant réussi à former quelques hiéroglyphes, qui dans son opinion signifiaient William Mac Neal, il tendit le certificat à Harry. Celui-ci devait écrire en anglais, de l'autre côté, l'engagement que tous venaient de prendre.

Deux heures après, nos aventuriers remontaient à cheval et prenaient le chemin de Santa-Cruz.

Peu de temps s'était écoulé lorsqu'ils virent derrière eux une troupe d'une trentaine de cavaliers, arrivant au grand galop.

Rais Mourad se souvint de la menace de l'éleveur de bestiaux ; il commanda donc à sa suite de presser le pas.

Mais les chevaux des esclaves étaient mauvais et incapables de gravir au galop la pente de la montagne qu'ils suivaient alors, bien que la famine eût réduit leurs cavaliers à leur plus simple expression.

La troupe arabe gagnait du terrain sur eux à chaque minute ; il n'y avait plus qu'un demi-mille à peine entre les deux cavalcades. Le Maure encourageait sa suite à se hâter ; la porte de la ville était à peine à un mille de là.

Au moment où Rais Mourad et ses gens approchaient du but de leur course, la tête des chevaux de ses ennemis apparaissait sur le sommet de la colline derrière eux. Cinq minutes après, les esclaves blancs mettaient pied à terre, et remerciaient Dieu d'être hors de danger.

Bo Muzem, l'éleveur et leurs amis arrivèrent un quart d'heure plus tard, et passèrent devant les sentinelles en courant. Ils semblaient vouloir fondre sur Harry, le principal objet de leur vengeance.

Mais Rais Mourad appela un garde, et celui-ci déclara à Bo Muzem qu'il n'avait le droit d'attaquer personne dans les murs de la ville ; il devait même donner sa parole de se tenir en paix.

Les Arabes comprirent qu'ils étaient dans une ville du Maroc, - et qu'ils devaient céder. Un quartier différent ayant été assigné à chaque troupe, toute chance de bataille se trouva remise pour le moment.

LXXV

LA JUSTICE MAURE.

Le lendemain matin, Rais Mourad fut appelé devant le gouverneur de la ville avec ses esclaves. Il ne montra aucune répugnance à obéir à cet ordre, et un soldat le conduisit à la résidence du magistrat.

Bo Muzem et l'éleveur étaient déjà arrivés, et bientôt le gouverneur entra dans la salle. C'était un homme d'une apparence sympathique. Harry et Colin se sentirent rassurés sur l'arrêt, quel qu'il fût, qu'on attendait de lui.

Bo Muzem parla le premier. Il expliqua qu'associé à deux autres marchands, il avait acheté les présents esclaves, qu'il n'avait point consenti au marché conclu entre ses associés et le Maure, et qu'il avait toujours été convenu que l'un des blancs ne serait point vendu. Il réclamait celui-là comme sa propriété. Les deux autres appartenaient, disait-il, à Mohammed, son ami l'éleveur, auquel il les avait promis, ayant été envoyé à Sweara, du consentement de ses collègues, pour trouver un acquéreur.

Mohammed dut prendre la parole à son tour. Il dit avoir acheté trois esclaves chrétiens à son ami Bo Muzem, pour le prix de deux dollars chacun et quatre chevaux. Les esclaves avaient été emmenés de force par Rais Mourad, et il les réclamait comme siens.

Le Maure fut ensuite appelé. Pourquoi retenait-il la propriété d'autrui?

Il répondit que deux marchands arabes lui avaient cédé les esclaves, qu'il les avait payés comptant, au prix de cent cinquante dollars chacun.

Le gouverneur resta silencieux quelques minutes. Il se tourna ensuite vers Bo Muzem.

« Vos associés, lui demanda-t-il, vous ont-ils offert de partager l'argent reçu pour les esclaves?

— Oui, répondit le marchand, mais je n'ai pas accepté.

— Avez-vous, vous et vos deux associés, reçu de l'homme qui réclame les trois esclaves douze chevaux et trente dollars? »

Après quelque hésitation, Bo Muzem répondit négativement.

« Les esclaves appartiennent à Rais Mourad, dit le gouverneur. Allez! »

Tous se retirèrent; Mohammed et Bo Muzem en murmurant qu'il n'y avait pas de justice pour les pauvres Arabes au Maroc.

Le Maure donna l'ordre de se mettre en route. A ce moment il pria le marchand de l'accompagner en dehors des murs de la ville. Ce dernier consentit, à la condition qu'il emmènerait Mohammed avec lui.

Un sourire singulier se dessina sur les lèvres de Rais Mourad en acquiesçant à cette proposition.

« Mon bon ami, dit-il d'un ton de protection à Bo Muzem, vous avez été trompé. Si vous aviez conduit ces esclaves à Sweara, ainsi que vous le leur aviez promis, vous auriez non-seulement été grandement indemnisé de vos dépenses, mais vous auriez eu encore un bon bénéfice. J'ai heureusement rencontré vos associés, et je ferai une très-belle affaire, grâce à eux. Celui que vous appelez votre ami, Mohammed, vous a acheté deux autres chrétiens; il les a vendus au consul anglais, et a reçu deux cents piastres en retour. C'est pour faire un pareil marché qu'il voulait ceux-ci. Il vous a trompé; il n'y a qu'un Dieu, Mahomet est son prophète, et Bo Muzem est un fou! »

La vérité de ces paroles pénétra aussitôt le marchand; il comprit la perfidie de l'éleveur. Il s'élança sur lui en brandissant son cimeterre; celui-ci s'attendait à l'attaque. Le combat entre eux fut terrible. Les esclaves blancs les regardaient sans sympathie ni pour l'un ni pour l'autre.

Dans une lutte, le musulman compte généralement plus sur la justice de sa cause que sur sa force ou sur son adresse, et quand il se sent en faute, il perd beaucoup de son courage.

Fort de l'injure qui lui avait été faite, Bo Muzem comptait sur la bonté de sa cause pour sortir victorieux de la lutte; il combattait sans douter du résultat.

En effet, l'éleveur, paralysé d'ailleurs par un sentiment

contraire, cédait du terrain à chaque minute. Il tomba enfin mort aux pieds de son adversaire.

« Ma foi, c'en est un de moins, dit Bill. Quel dommage qu'il n'ait pas amené ici Jim et maître Térence!... Qu'en a-t-il fait?

— Demandons-le au Maure, répondit Harry; il doit le savoir, et peut-être pourrait-il les acheter. »

Le krooman, à la prière d'Harry, allait faire la demande, lorsque Rais Mourad ordonna aux esclaves, d'un ton péremptoire, de reprendre leurs places pour continuer le voyage.

Après avoir recommandé à Bo Muzem de se méfier de la troupe amenée par Mohammed, le Maure reprit la tête du kafila, et l'on se remit en route pour Mogador.

LXXVI

LE SAUT DU JUIF.

La route suivie par Rais Mourad s'étendait à travers un pays très-inégal. Tantôt on traversait une vallée étroite sur le bord de la mer, tantôt c'était un sentier coupé dans une montagne escarpée qu'il fallait gravir. Les animaux devaient alors s'avancer à la file, et leurs cavaliers avaient besoin de la plus grande attention pour les conduire.

Pendant une courte halte, où l'on faisait reposer les chevaux, le krooman trouva sur une pierre plate un énorme scorpion. Il creusa un trou dans le sable et y fit tomber l'animal; puis il eut la fantaisie d'aller à la recherche d'autres scorpions pour tenir compagnie au prisonnier. Il en trouva sous presque toutes les pierres qu'il retourna, et lorsqu'il en eut réuni une douzaine dans la même prison, il se mit à les taquiner avec un bâton.

Les scorpions, exaspérés par ce traitement, commencèrent entre eux un combat mortel que les midshipmen regardèrent avec autant d'intérêt que celui des deux Arabes.

La lutte entre deux ennemis de ce genre commence par une vive escarmouche, chacun essayant de saisir l'autre avec ses pinces. Lorsque l'un deux est parvenu à bien tenir son adversaire, celui-ci paraît disposé à se rendre, mais aucun quartier ne lui est fait; il ne tarde pas à expirer de la piqûre de son ennemi.

Le krooman acheva lui-même le dernier des scorpions.

Lorsque Harry eut reproché à l'Africain ce qu'il regardait comme une cruauté inutile, celui-ci répondit que c'était le devoir de tout homme bien pensant!

Dans l'après-midi, le kafila atteignit un endroit appelé « le Saut du Juif; » c'était un chemin étroit sur le versant d'une montagne, dont la base était baignée par la mer. Il avait à peu près un mille de long sur quatre ou cinq pieds de largeur. A main droite s'étendait un mur de rochers qui s'élevaient quelquefois jusqu'à cent pieds au-dessus du sol.

Celui qui aurait eu le malheur de tomber sur ce sentier, ne pouvait espérer de s'en relever jamais.

Pas un buisson, pas un arbre; il n'y avait rien pour offrir même une légère résistance à la chute d'un corps.

Le krooman connaissait cette route. Il apprit à ses compagnons que jamais personne ne s'y aventurait par les temps humides, que ce chemin était en toutes saisons considéré comme extrêmement dangereux, mais qu'il évitait une marche de sept milles à travers la montagne, et qu'on le prenait assez souvent pour cette raison. On l'avait appelé « le Saut du Juif » parce que plusieurs Israélites avaient été culbutés dans l'Océan, à la suite d'une rencontre avec des Maures.

Avant de s'engager dans ce dangereux passage, Rais Mourad s'assura avec soin que personne ne venait dans la direction opposée. Il appela à plusieurs reprises, et ne recevant point de réponse, il commanda à sa troupe de le suivre, en conseillant aux esclaves de se fier plus à leurs chevaux qu'à eux-mêmes. Deux Maures restèrent en arrière pour les garder.

Ils marchaient depuis peu sur le bord du précipice, lorsque le cheval d'Harry Blount s'effraya. C'était un jeune animal habitué aux plaines du désert, et peu fait aux chemins de montagnes.

Il s'arrêta soudain, tandis que les autres continuaient de s'avancer avec prudence.

Il est permis, dans un tel endroit, de s'inquiéter des fantaisies de sa monture, et Harry se préparait à mettre pied à terre, quand son cheval fit un brusque mouvement rétrograde.

Le jeune Anglais se trouvait derrière ses compagnons, et il était suivi de près par l'un des Maures. Ce dernier, alarmé sur sa sûreté personnelle, frappa l'animal réfractaire pour le forcer à avancer.

En un instant les jambes de derrière du cheval fléchirent, et il faillit rouler avec son cavalier dans l'abîme.

Cependant l'animal tâchait de retrouver son équilibre. Harry, alors, le saisit par les oreilles, et, faisant un effort violent, il s'élança heureusement par-dessus sa tête.

L'infortuné quadrupède, abandonné à lui-même, était

précipité dans la mer, et son corps frappa l'eau avec un bruit sourd, comme si la vie l'avait depuis longtemps abandonné.

Quand cette passe difficile eut été traversée, les compagnons d'Harry le complimentèrent sur son sang-froid et son adresse.

Le jeune homme resta silencieux.

Son âme était trop pleine de reconnaissance envers Dieu pour écouter les paroles des hommes.

L'INFORTUNÉ QUADRUPÈDE ÉTAIT PRÉCIPITÉ
DANS LA MER.

LXXVII

CONCLUSION.

Le lendemain de ce jour, Rais Mourad et sa suite arrivèrent à Mogador, mais trop tard pour s'en faire ouvrir les portes.

Harry, Colin et Bill ne purent dormir de la nuit; cette fois ils semblaient toucher à la liberté.

Ils se levèrent avec le jour, impatients de connaître leur sort; mais le maître, sachant qu'il n'y avait rien à faire avant trois ou quatre heures de là, ne leur permit pas d'entrer en ville.

Ils attendirent dans la plus grande anxiété. Enfin Rais Mourad vint les prendre, et se dirigea avec eux vers les portes, dont leurs yeux ne pouvaient se détacher depuis le matin.

Après avoir passé par plusieurs rues, nos aventuriers aperçurent une maison sur laquelle flottait un drapeau.

Leurs cœurs battirent à sa vue : c'était celui de la vieille Angleterre !

Ils se trouvaient devant la demeure du consul. Rais Mourad y entra en leur commandant de le suivre. En traversant la cour, ils virent deux individus courir à eux : c'étaient Térence et Jim !

Un homme à l'air distingué s'approcha de Harry et de Colin, leur prit la main et les félicita cordialement.

La présence de Térence et de Jim au consulat de Mogador fut bientôt expliquée. L'éleveur, après les avoir achetés, les avait conduits à Sweara. Le consul paya immédiatement la rançon réclamée par le Maure, qui promit encore de racheter les trois autres esclaves, et de les amener à Mogador.

Le consul ne fit aucune difficulté pour donner le prix promis par Harry, Colin et Bill; mais il ne se crut pas autorisé à dépenser l'argent de son gouvernement pour racheter le krooman, qui n'était pas sujet anglais.

Le pauvre nègre, en entendant ces mots, s'abandonna au plus violent désespoir.

Ses compagnons d'infortune ne pouvaient rester spectateurs indifférents de sa douleur ; ils promirent de le rendre libre. Ils avaient tous des parents riches, et ils espéraient trouver quelque marchand anglais à Mogador pour leur avancer l'argent.

Ils ne se trompaient pas. Le lendemain même, le krooman était rassuré sur son sort.

Le consul ayant raconté le cas à plusieurs marchands étrangers, une souscription fut immédiatement ouverte, et la somme nécessaire remise à Rais Mourad.

On fournit aussi aux midshipmen tout ce dont ils avaient besoin, et ils n'attendirent plus que l'arrivée d'un vaisseau anglais pour retourner dans leur patrie.

Peu de temps après, les grands mâts d'un vaisseau anglais jetaient leurs ombres sur les eaux de la baie de Mogador.

Les trois jeunes gens furent acclamés par les officiers du bord, tandis que Bill, son frère et le krooman allaient s'installer sur le gaillard d'avant.

Plus tard ils se distinguèrent tous au service de leur pays, et souvent réunis, malgré les hasards de leur carrière, ils aimaient à se rappeler le temps où ils avaient été esclaves dans les déserts de Sahara.

FIN.

TABLE

I.	Deux déserts	5
II.	Les midshipmen	7
III.	La langue de serpent	9
IV.	La marée	13
V.	Une séparation forcée	18
VI.	Le rivage	20
VII.	Des quartiers peu confortables	25
VIII.	Le simoon	30
IX.	Un cauchemar bienfaisant	33
X.	Le mehari	37
XI.	Un déjeuner frugal	40
XII.	Le marin trouve des coquillages	44
XIII.	Il faut se cacher	49

XIV.	Les traces sur le sable	53
XV.	Le vaisseau du désert	56
XVI.	En route!	60
XVII.	La danse interrompue	64
XVIII.	Une réception qui laisse a désirer	68
XIX.	Les deux sheiks	71
XX.	Bill est maltraité	74
XXI.	Les traces de bill	76
XXII.	Bill sur le point d'être abandonné	78
XXIII.	La retraite	81
XXIV.	Un étrange quadrupède	84
XXV.	La poursuite a cor et a cri	87
XXVI.	Un asile humide	89
XXVII.	Le rire moqueur se fait encore entendre	92
XXVIII.	Un chef rusé	95
XXIX.	Une singulière rencontre	97
XXX.	Le sheik se débat	100
XXXI.	Les midshipmen sont déshabillés	102
XXXII.	Le douar au point du jour	106
XXXIII.	Un dromadaire obstiné	109
XXXIV.	Les chameaux réservoirs	112
XXXV.	Une querelle entre les sheiks	114
XXXVI.	Les trois midshipmen servent d'enjeu	117
XXXVII.	Golah	120
XXXVIII.	Une journée d'agonie	125
XXXIX.	Colin a du bonheur	129
XL.	L'expérience du marin Bill	133
XLI.	Une récompense injuste	137

XLII.	Le puits desséché	142
XLIII.	Le puits	148
XLIV.	Les recherches	154
XLV.	Enterrés vifs	159
XLVI.	La vengeance du sheik	163
XLVII.	Encore prisonniers	168
XLVIII.	Une femme infidèle	173
XLIX.	Deux femmes fidèles	178
L.	Fatima	183
LI.	Une nouvelle trahison	187
LII.	Vengeance	192
LIII.	La mer	197
LIV.	Une visite de Golah	202
LV.	Bill en sentinelle	206
LVI.	Golah subit sa destinée	211
LVII	Sur le bord du Sahara	215
LVIII.	Les pillards rivaux	219
LIX.	Un autre esclave blanc	225
LX.	Le frère de Bill	231
LXI.	Une rivière vivante	235
LXII.	Les Arabes chez eux	238
LXIII.	Travailler ou mourir	243
LXIV.	Victoire	247
LXV.	Encore vendus	250
LXVI.	En route!	257
LXVII.	Un autre marché	261
LXVIII.	Nouvelles tortures	266
LXIX.	Un espoir déçu	270

LXX.	El Haji..	274
LXXI.	Le voyage de Bo Muzem.......................	279
LXXII.	Raïs Mourad..................................	283
LXXIII.	Le retour de Bo Muzem.......................	287
LXXIV.	La poursuite..................................	291
LXXV.	La justice maure..............................	295
LXXVI.	Le saut du Juif................................	299
LXXVII.	Conclusion....................................	303

10 577. — Imp. générale de Ch. Lahure, rue de Fleurus, 9, à Paris.

J. HETZEL & Cie

Bibliothèque illustrée de Mlle Lili et de ses cousins

ALBUMS EN 7, 8, 9 ET 12 COULEURS

LE MOULIN A PAROLES. Album de 8 planches par Frœlich, texte par P.-J. Stahl.
MONSIEUR CÉSAR. Album de 12 planches par Frœlich, texte par P.-J. Stahl. 1 50
HECTOR LE FANFARON. Album de 8 planches par Frœlich, texte par P.-J. Stahl. 1 50
JEAN LE HARGNEUX. Album de 8 planches par Frœlich, texte par P.-J. Stahl. 2
HISTOIRE D'UN AQUARIUM ET DE SES HABITANTS, par Ernest Van Bruyssel,
  dessins imprimés en douze couleurs. . . . . 6 » 8 »

PREMIER AGE. — JEUNES FILLES — JEUNES GARÇONS

	cart.	rel.
HECTOR LE FANFARON, texte par P.-J. Stahl. Album illustré par Frœlich.	1f	2 50
JEAN LE HARGNEUX, texte par P.-J. Stahl. Album illustré par Frœlich.	1	2 50
ZOÉ LA VANITEUSE, texte par P.-J. Stahl. Album illustré par Frœlich.	1	2 50
MADEMOISELLE PIMBÊCHE, texte par P.-J. Stahl. Album de 16 dessins par Frœlich.	2	3 50
LE ROI DES MARMOTTES, texte par P.-J. Stahl. Album de 17 dessins par Frœlich.	2	3 50
ALPHABET DE Mlle LILI. Album de 30 dessins par Frœlich, imprimé en rouge et noir par Silbermann.	3	4 50
L'ARITHMÉTIQUE DE Mlle LILI. Album de 38 dessins par Frœlich.	3	4 50
LA JOURNÉE DE Mlle LILI, texte par P.-J. Stahl, 22 vignettes par Frœlich.	3	4 50
Mlle LILI A LA CAMPAGNE, texte par P.-J. Stahl. Album de 27 dessins par Frœlich.	3	4 50
LE PETIT TYRAN, texte par P.-J. Stahl. Album de 24 dessins par Marie.	3	4 50
MONSIEUR TOC-TOC, texte par P.-J. Stahl. Album de 26 dessins par Frœlich.	3	4 50
CAPORAL, le CHIEN DU RÉGIMENT. Album de 26 dessins par Lançon.	3	4 50
LES PREMIÈRES ARMES DE Mlle LILI, texte par P.-J. Stahl. Album de 25 dessins par Frœlich.	3	4 50
LE PETIT DIABLE, texte par P.-J. Stahl. Album de 23 dessins par Frœlich.	3	4 50
LES PETITES AMIES, texte par P.-J. Stahl. Album de 21 dessins par Pletsch.	3	4 50
L'HISTOIRE D'UN PAIN ROND. Album illustré de 34 dessins par Froment.	3	4 50
PIERROT A L'ÉCOLE. Album illustré de 33 dessins de G. Fath.	3	4 50
L'HISTOIRE DU GRAND ROI COCOMBRINOS, silhouettes enfantines par Mick Noel.	3	4 50
BÉBÉ A LA MAISON. Album illustré par Frœlich.	4	5 50
BÉBÉ AUX BAINS DE MER. Album illustré par Frœlich.	4	5 50
VOYAGE DE Mlle LILI AUTOUR DU MONDE, par P.-J. Stahl. Album de 49 dessins par Frœlich.	5	7 »
VOYAGES DE DÉCOUVERTES DE Mlle LILI, par P.-J. Stahl. Album de 49 dessins par Frœlich.	5	7 »
LE ROYAUME DES GOURMANDS, par P.-J. Stahl. Album de 49 dessins en trois couleurs, par Frœlich.	5	7 »
LA BELLE PETITE PRINCESSE ILSÉE, conte allemand, par P.-J. Stahl, dessins par Froment, encadrements rouges.	5	7 »
AVENTURES SURPRENANTES DE TROIS VIEUX MARINS, par James Greenwood, dessins par Ernest Griset. Album in-4°.	5	7 »

MAGASIN D'ÉDUCATION

JEAN MACÉ — P.-J. STAHL. — JULES VERNE

Collection complète : 10 beaux volumes grand in-8°

Brochés, 60 fr. — Cart. dorés, 80 fr.

Cette précieuse collection contient la valeur de 50 volumes, 2000 dessins par nos artistes les plus célèbres, et 200 contes, récits, voyages, articles de science ou de littérature, par nos écrivains les plus autorisés. C'est la seule œuvre collective, à l'usage de la jeunesse, qui ait été couronnée par l'Académie française.

Chaque volume séparément : Broché, 6 fr. — Cart. doré, 8 fr.

IMPRIMERIE GÉNÉRALE DE CH. LAHURE, RUE DE FLEURUS, 9, A PARIS

www.ingramcontent.com/pod-product-compliance
Lightning Source LLC
Chambersburg PA
CBHW060056190426
43202CB00030B/1831